SV

Band 1335 der Bibliothek Suhrkamp

Als Schreiber von Gedichten wurde der Dramatiker Heiner Müller erst postum, mit dem Erscheinen des ersten Bandes seiner *Werke* (1998), der die Gedichte (davon ein Drittel aus dem Nachlaß) versammelt, wirklich sichtbar. Aus diesen Gedichten hat Durs Grünbein, geboren 1962 in Dresden, Büchnerpreisträger des Jahres 1995, seine Auswahl getroffen. Er, der in Heiner Müller früh einen Mentor fand, schreibt in seinem Nachwort: »Heiner Müllers Gedicht, darin liegt seine Stringenz, geht jedesmal von der schlimmstmöglichen Gewißheit aus. Nicht die zarte Versuchung, die vage Hoffnung auf eine veränderte Welt, es ist die schlechte Nachricht, die es in Gang setzt. Optimismus ist Mangel an Information, war eine Sentenz, die er am liebsten zitierte, am besten mit stoischer Miene.«

Heiner Müller

Ende der Handschrift

Gedichte
Ausgewählt und mit
einem Nachwort versehen
von Durs Grünbein

Suhrkamp Verlag

Die Gedichte sind dem Band Heiner Müller *Die Gedichte* (*Werke 1*, herausgegeben von Frank Hörnigk, © Suhrkamp Verlag Frankfurt am Main 1998) entnommen, »[Die Hyäne . . .]« stammt aus *Die Prosa* (*Werke 2*, herausgegeben von Frank Hörnigk, © Suhrkamp Verlag Frankfurt am Main 1999).

Erste Auflage 2019
Suhrkamp Verlag Berlin

Umschlag: Willy Fleckhaus
Satz: Hümmer GmbH, Waldbüttelbrunn
Printed in Germany
ISBN 978-3-518-24218-6

Ende der Handschrift

[Die Hyäne ...]

Die Hyäne liebt die Panzer, die in der Wüste stehen bleiben, weil die Besatzung stirbt. Sie kann warten. Sie wartet bis der tausendunderste Sandsturm den Stahl zerfrißt. Dann kommt ihre Stunde. Die Hyäne ist das Wappentier der Mathematik, sie weiß, daß kein Rest bleiben darf. Ihr Gott ist die Null.

LACH NIT ES SEI DANN EIN STADT UNTERGANGEN
(Grobianus)
ICH WILL EIN DEUTSCHER SEIN
(Eintragung im Schulheft eines elfjährigen jüdischen Jungen im Warschauer Ghetto)
DER TERROR VON DEM ICH SCHREIBE KOMMT NICHT AUS DEUTSCHLAND ES IST EIN TERROR DER SEELE
(Edgar Allan Poe)
DER TERROR VON DEM ICH SCHREIBE KOMMT AUS DEUTSCHLAND

UND ZWISCHEN ABC UND EINMALEINS
Wir pißten pfeifend an die Schulhauswand
Die Lehrer hinter vorgehaltner Hand
HABT IHR KEIN SCHAMGEFÜHL Wir hatten keins.

Als Abend wurd wir stiegen auf den Baum
Von dem sie früh den Toten schnitten. Leer
Stand nun sein Baum. Wir sagten: DAS WAR DER.
WO SIND DIE ANDERN? ZWISCHEN AST UND ERD
IST RAUM.

BILDER

Bilder bedeuten alles im Anfang. Sind haltbar. Geräumig.
Aber die Träume gerinnen, werden Gestalt und
Enttäuschung.
Schon den Himmel hält kein Bild mehr. Die Wolke, vom
Flugzeug
Aus: ein Dampf der die Sicht nimmt. Der Kranich nur noch
ein Vogel.
Der Kommunismus sogar, das Endbild, das immer erfrischte
Weil mit Blut gewaschen wieder und wieder, der Alltag
Zahlt ihn aus mit kleiner Münze, unglänzend, von
Schweiß blind
Trümmer die großen Gedichte, wie Leiber, lange geliebt und
Nicht mehr gebraucht jetzt, am Weg der vielbrauchenden
endlichen Gattung
Zwischen den Zeilen Gejammer

auf Knochen der Steinträger glücklich

Denn das Schöne bedeutet das mögliche Ende der Schrecken.

GESPRÄCH MIT HORAZ

Silbenzähler beiläufig dein Vers unterm Schritt der
Kohorten

Die Kohorten wo sind sie Mein Vers geht ins zweite
Jahrtausend

HORAZ

1

Der Arrivierte mit dem Haß auf sein Startloch.
Unter Brutus ist er Demokrat
Tod dem Tyrannen und mir auch ein Landgut
Pazifist bei Philippi, er skandiert den Boden.
Dann lernt er seine Lektion (er auch), wechselt
Die Laufbahn; *Schwamm drüber Augustus.* Das Landgut
Schenkt Mäcen ihm für einen Platz in den Oden
Acht Spiegel im Schlafzimmer und kein Wort mehr von Brutus.
Er macht seinen Weg in die Chrestomathien
Aere perennius Liebling der Philologen.

2

Rom die Hure mit den sieben Brüsten.
Lob der Mäßigkeit, Mutter der Weltreiche
Aufgefressen von den wachsenden Kindern
Mit vollkommenen Versen, sonst wozu, braucht
Luxus. *Satt singt Horaz.* Den Lorbeer
Würzt das Fleisch. Kappadozisches Wildbret!
(Und die Baumblüte in den Albanerbergen!)
Dreiundzwanzig Dolchstöße, der zweite tödlich
In ein fallsüchtiges Fleisch, was sind sie
Gegen den Furz des Priap in der achten Satire.

ZWEI BRIEFE

1

Ich seh dich an der Schreibmaschine schwitzend
Mißbrauchbare Verse herstellen
Über den Erstickungstod im Netzwerk
Notwendiger Gesetze. Die Maurer, schreibst du
Wurden als Mörtel gebraucht schon
Beim Bau der Großen Mauer, und immer noch
Werden Große Mauern gebaut. Nichts Neues
Unter der Sonne, schreibst du. Du schreibst nichts Neues.
Du hast gelernt, Antworten zu befragen.
Der Beifall, der dich taub macht, ist er keine?
Die schnellen Wirkungen sind nicht die neuen.
Eine Begegnung am Abend nach unserm Gespräch:
Zwei Republikaner auf dem Weg in die Betten
Diskutieren über Demokratie
GutdasistdieFormaberwoistderInhalt
Sie zählen die Jahre nach Gehaltsaufbesserungen
Die Monate nach dem Erscheinen des *Magazin*
Jeder ein Weiser nach Keuners Entwurf
Kein Gedanke, der nicht durch den Magen geht
Und keine Angst vor Pfützen wie bei Büchner
Kleine Köpfe, aber sie haben recht
Wenn sie, deine Verse lesend, sagen:
Was sagt uns dieser Jemand eigentlich?
Hat er die Rolle der Bodenreform nicht begriffen?

2

Was richtet ein Reim aus gegen die Strohköpfe
Fragst du. Nichts, sagen einige, andere: Wenig.
Shakespeare hat Hamlet geschrieben, ein Trauerspiel
Geschichte eines Mannes, der sein Wissen wegwarf
Sich beugend unter einen dummen Brauch.
Er hat die Dummheit nicht ausgerottet.

Wollte er nichts weiter schreiben als einen Steckbrief?
Hamlet der Däne Prinz und Wurmfraß stolpernd
Von Loch zu Loch aufs letzte Loch zu lustlos
Im Rücken das Gespenst das ihn gemacht hat
Grün wie Ophelias Fleisch im Wochenbett
Der Horizont die Rüstung dauert länger
Und knapp vorm dritten Hahnenschrei zerreißt
Ein Narr das Schellenkleid des Philosophen
Schlüpft ein beleibter Bluthund in den Panzer.
Oder der mißverstandene Bertolt Brecht
Mit großer Zähigkeit und etwas Hoffnung
Mehr als den Bogen spannen konnte auch er nicht
Wieviele Strohköpfe überlebten ihn.
Sein Leben lang suchte er eine Möglichkeit
Den Nächsten nicht zu töten. Gegen Ende
Hatte er sie von weitem gesehn
Halb verdeckt von einem blutigen Nebel.
Becher hat Schweiß vergossen beim Sonettbau
Für den Zusammenfluß von Wolga und Neckar
Werden die Jurabauern das *Sonettwerk*
Gelesen haben, wenn der Kommunismus
Ihnen den Boden von der Schulter nimmt?
Für uns ist die Spanne zwischen Nichts und Wenig.

DER VATER

1

Ein toter Vater wäre vielleicht
Ein besserer Vater gewesen. Am besten
Ist ein totgeborener Vater.
Immer neu wächst Gras über die Grenze.
Das Gras muß ausgerissen werden
Wieder und wieder das über die Grenze wächst.

2

Ich wünschte mein Vater wäre ein Hai gewesen
Der vierzig Walfänger zerrissen hätte
(Und ich hätte schwimmen gelernt in ihrem Blut)
Meine Mutter ein Blauwal mein Name Lautréamont
Gestorben in Paris
1871 unbekannt

ALTES GEDICHT

Nachts beim Schwimmen über den See der Augenblick
Der dich in Frage stellt Es gibt keinen andern mehr
Endlich die Wahrheit Daß du nur ein Zitat bist
Aus einem Buch das du nicht geschrieben hast
Dagegen kannst du lange anschreiben auf dein
Ausbleichendes Farbband Der Text schlägt durch

SELBSTBILDNIS ZWEI UHR NACHTS AM 20. AUGUST 1959

An der Schreibmaschine sitzen. Blättern
In einem Kriminalroman. Am Ende
Wissen, was du jetzt schon weißt:
Der glattgesichtige Sekretär mit dem starken Bartwuchs
Ist der Mörder des Senators
Und die Liebe des jungen Sergeanten der Mordkommission
Zur Tochter des Admirals wird erwidert.
Aber du wirst keine Seite auslassen.
Manchmal beim Umblättern ein schneller Blick
Auf das leere Blatt in der Schreibmaschine.
Das wird uns also erspart bleiben. Wenigstens etwas.
In der Zeitung stand: irgendwo ist ein Dorf
Dem Erdboden gleich gemacht worden durch Bomben.
Das ist bedauerlich, aber was geht es dich an.
Der Sergeant ist gerade dabei den zweiten Mord zu verhindern
Obwohl die Admiralstochter ihm (zum erstenmal!)
Die Lippen hinhält, Dienst ist Dienst.
Du weißt nicht, wie viele tot sind, die Zeitung ist weg.
Nebenan träumt deine Frau von ihrer ersten Liebe.
Gestern hat sie versucht sich aufzuhängen. Morgen
Wird sie sich die Pulsadern aufschneiden oder wasweißich.
Wenigstens hat sie ein Ziel vor den Augen.
Das sie erreichen wird, so oder so
Und das Herz ist ein geräumiger Friedhof.
Die Geschichte der Fatima im *Neuen Deutschland*
War so schlecht geschrieben, daß du darüber gelacht hast.
Die Folter ist leichter zu lernen als die Beschreibung der Folter.
Der Mörder ist in die Falle gegangen
Der Sergeant schließt den Preis in die Arme.
Jetzt kannst du schlafen. Morgen ist wieder ein Tag.

MOTIV BEI A.S.

Debuisson auf Jamaika
Zwischen schwarzen Brüsten
In Paris Robespierre
Mit zerbrochenem Kinn.
Oder Jeanne d'Arc als der Engel ausblieb
Immer bleiben die Engel aus am Ende
FLEISCHBERG DANTON KANN DER STRASSE KEIN FLEISCH GEBEN
SEHT SEHT DOCH DAS FLEISCH AUF DER STRASSE
JAGD AUF DAS ROTWILD IN DEN GELBEN SCHUHN.
Christus. Der Teufel zeigt ihm die Reiche der Welt
WIRF DAS KREUZ AB UND ALLES IST DEIN.
In der Zeit des Verrats
Sind die Landschaften schön.

ORPHEUS GEPFLÜGT

Orpheus der Sänger war ein Mann der nicht warten konnte. Nachdem er seine Frau verloren hatte, durch zu frühen Beischlaf nach dem Kindbett oder durch verbotnen Blick beim Aufstieg aus der Unterwelt nach ihrer Befreiung aus dem Tod durch seinen Gesang, so daß sie in den Staub zurückfiel bevor sie neu im Fleisch war, erfand er die Knabenliebe, die das Kindbett spart und dem Tod näher ist als die Liebe zu Weibern. Die Verschmähten jagten ihn: mit Waffen ihrer Leiber Ästen Steinen. Aber das Lied schont den Sänger: was er besungen hatte, konnte seine Haut nicht ritzen. Bauern, durch den Jagdlärm aufgeschreckt, rannten von ihren Pflügen weg, für die kein Platz gewesen war in seinem Lied. So war sein Platz unter den Pflügen.

NAPOLEON ZUM BEISPIEL weinte, als
Bei Wagram seine Garde ihren Fluchtweg
Über die eigenen Blessierten nahm
Und die Blessierten schrien VIVE L'EMPEREUR.
Das Denkmal war gerührt: sein Mörtel schrie.
An einem Sonntag nach der Arbeit fuhr
Er, LENIN, auf die Hasenjagd, gelenkt
Von seinem Fahrer, sonstige Begleitung
Keine. Das war sein Urlaub. In den Wald
Ging er allein. Nämlich der Fahrer mußte
Beim Auto bleiben, das war unersetzlich.
Lenin traf einen Bauern, der den Wald
Nach Pilzen abging. Seine Jagd fiel aus.
Der Alte schimpfte auf die Sowjetmacht
Im Dorf, Oben und Unten immer noch
Viel Reden, wenig Mehl. Die Pilze auch knapp.
Lachte, als Lenin die Beschwerden aufschrieb
Das Dorf, Namen und Fehler der Genossen.
Er hatte sich auch schon beschwert. Nicht zweimal.
Wer sind wir. Wenn du Lenin wärst zum Beispiel
Und Lenin wär ein Mann wie du der zuhört
Man könnte glauben daß es anders wird
Aber du bist nicht Lenin und so bleibt es.

DER GLÜCKLOSE ENGEL. Hinter ihm schwemmt Vergangenheit an, schüttet Geröll auf Flügel und Schultern, mit Lärm wie von begrabnen Trommeln, während vor ihm sich die Zukunft staut, seine Augen eindrückt, die Augäpfel sprengt wie ein Stern, das Wort umdreht zum tönenden Knebel, ihn würgt mit seinem Atem. Eine Zeit lang sieht man noch sein Flügelschlagen, hört in das Rauschen die Steinschläge vor über hinter ihm niedergehn, lauter je heftiger die vergebliche Bewegung, vereinzelt, wenn sie langsamer wird. Dann schließt sich über ihm der Augenblick: auf dem schnell verschütteten Stehplatz kommt der glücklose Engel zur Ruhe, wartend auf Geschichte in der Versteinerung von Flug Blick Atem. Bis das erneute Rauschen mächtiger Flügelschläge sich in Wellen durch den Stein fortpflanzt und seinen Flug anzeigt.

TRAKTORISTENLIED

MEIN BRUDER SASS IN EINEM TANK
Der fuhr nach Stalingrad.
Er ist verbrannt in dem Tank, den
Er gefahren hat.

AUF EINEM TRAKTOR SITZE ICH
Der kommt aus Stalingrad.
Ich pflüg das Feld mit dem Traktor
Für die Frühjahrssaat.

BUNTSCHUK I
(nach Scholochow)

Leg den Revolver weg. Deine Frau
Wartet mit allem, was du liebst. Drei Bauern
Hast du heute erschossen, Feinde mit
Händen schwielig von Schwerarbeit. In
Unwissenheit gehalten von deinem und ihrem
Todfeind haben sie für Brot die Schienen
Aufgerissen vor dem Panzerzug.
WENN IHR KEINEN MEHR TÖTEN MÜSST; EHRT AUCH
DIE EURESGLEICHEN TÖTETEN FÜR EUCH.
Leg den Revolver weg. Deine Frau
Wartet mit allem, was du liebst. Warum
Versagt dein Fleisch? Du hast nicht versagt.

REUTLINGER ELEGIEN

1

Wir bringen keine Fliege um, weil das Flecken auf der
Tapete macht.
Wir ziehn den Hut vor jedem, der uns in den Hintern tritt.
Außer er ist barfuß.
Abends kaufen wir uns Kinokarten:

Rote Lippen. Blaue Bohnen.
Erster Platz eine Mark, Loge zwei.
Wo die Bolschwisten thronen
Ist der Mensch nicht halb so frei.

2

Wir haben ›Werthers Leiden‹ nicht gelesen.
Was ist uns Goethe, ein Mann, nicht schneller als ein
Postpferd!
Oder Kant zum Beispiel – wenn er uns auf der Straße
begegnete,
was wäre er nach der Begegnung, widerlegt vom Anprall
unserer schnellen Fahrzeuge?

Schneller als Gedanken bewegen sich unsre Fahrzeuge.
(Wir sagen: Tote müssen für sich selbst aufkommen.)

Auf einen Parkplatz zu, im Angstraum eines Messerwerfers,
umstellt von bewaffneten Fußgängern, brüllend
ABSTEIGEN.

Zwischen zwei zerschossene Wänd
Verbrannten die
Sich kleingemacht hatten
Daß kein Feuer sie fänd.

In ein Lichtspielhaus mein Vater ging
Als der Krieg anfing.
Mein Vater, der mußte hinaus. –
Meine Mutter fiel in einem Lichtspielhaus.

LEAR

Er steigt herab vom Thron. Er dünkt sich groß.
Sein eigenes Denkmal, so hat er sich aufgestellt
Steht auf der Erde, die sich nackt und bodenlos
Dreht unter dem fleischernen Denkmal, das fällt.

Regen wäscht ihn. Da merkt er: das ist kein Spaß.
Er brüllt, gestreckt auf Leichen. Kein Sarg bleibt leer.
Überm Gewäsch des Narren (Fleisch wird Aas)
Gelächter der Lokomotiven. Er hört es nicht mehr.

FISCHKADAVER MIT SILBERBAUCH

Gedrängt um den verkohlten Leichnam, der
Im feuerkauenden Fluß abtreibt ins Meer
Fleischerne Flotte, faulend unterm Rauch.
Am Steuer Hamlet, Sohn aus gutem Haus
Hat keine Nase für verbranntes Fleisch.

BABELSBERGER ELEGIE 1960

Weit ist der Weg zur Kasse, bei Regen besonders.
Trocken fahren in ihren fabrikneuen Autos
An mir vorbei die Schreiber der schlechten Filme.

FILM

45 Jahre nach der Großen
Revolution sehe ich auf der Leinwand
In einem neuen Film aus dem Land der Sowjets die
Verwandlung
Eines langsamen Kellners in einen Schnelläufer
Durch die falsche Nachricht, der hundertunderste
Wartende Gast sei Staatspreisträger.
Die wenig verschieden gekleideten Zuschauer
In dem Eckkino in der gespaltenen Hauptstadt
Meines gespaltenen Vaterlandes belachen
Den alltäglichen Vorgang, nicht alltäglich
Auf der Leinwand. Warum lachen die Leute.
O nicht genug zu preisende Langsamkeit
Der nicht mehr Getriebenen! Schöne Unfreundlichkeit
Der zum Lächeln nicht mehr Zwingbaren!

NEUJAHRSBRIEF 1963

Ein Jahr ist zu Ende gegangen mit Lärm
Von Glocken und Feuerwerkskörpern Die Zeitung
Die gebracht werden wird in einer Stunde
In deiner Stadt dir mir in meiner Stadt
Von einer alten Frau mit älteren Füßen
Drei Söhne verloren aber noch keine Zeitung
DAS REICH NEUES DEUTSCHLAND RHEINISCHER MERKUR
Wird ein besseres Jahr anzeigen wie üblich
Und das Schwarze in deiner Zeitung du weißt es
Ist das Weiße in meiner Zeitung wir wissen es
Immer neu wächst Gras über die Grenze
Und das Gras muß ausgerissen werden
Immer neu das über die Grenze wächst
Und der Stacheldraht muß gepflanzt werden
Immer neu mit dem genagelten Stiefel
ICH BIN DER STIEFEL DER DEN STACHELDRAHT PFLANZT
Vor meinem Fenster auf einem Parkbaum
Allein wie ein Betrunkener gegen Morgen
Lärmt flügelschlagend eine ältere Krähe
Die Straßenreiniger ALL OUR YESTERDAYS
Haben ihre Arbeit aufgenommen
Manche Dinge kommen wieder und manche nicht
Das Herz ist ein geräumiger Friedhof
IM PARK DIE PAPPELN SCHWIRRN
WER HAUST IN MEINER STIRN

KINDHEIT

Der die Katze hielt unter den Messern der Spielkameraden,
war ich.
Ich warf den siebenten Stein nach dem Schwalbennest, und der
siebente war der, der traf.
Wenn der Mond stand weiß gegen das Fenster der Kammer,
im Schlaf
War ich ein Jäger, von Wölfen gejagt, mit Wölfen allein.
Einschlafend hörte ich in den Ställen die Pferde schrein.

E.L.

Du kamst wie eine Prinzessin übers Meer
Nach Dänemark verschlagen auf der Flucht aus Danzig
Im U-Bootgejagten von Bombern besuchten Transportschiff.
Es war wie eine Tempelschändung, als du
Eine Brille aufgesetzt hast neben mir im Kino

Bäume wildwachsend Wurzeln im Uferschlamm
Schilf grün

DER LORD
LÄSST SICH ENTSCHULDIGEN er nimmt den Frühzug
Bei Schiller weiß man wenigstens wann Schluß ist

AUF BALD beide wissend auf nie

EXCUSE ME MADAM

DU BIST GEGANGEN DIE UHREN
Schlagen mein Herz Wann kommst du

GESTERN HABE ICH ANGEFANGEN
Dich zu töten mein Herz
Jetzt liebe ich
Deinen Leichnam
Wenn ich tot bin
Wird mein Staub nach dir schrein

FAHRT NACH PLOVDIV. Straße der Kreuzfahrer.
Mariza. Hier wurde Orpheus zerrissen
Von den thrakischen Weibern mit dem Pflug.
Flußab trieb sein singender Schädel. Der Fluß
Hat kein Wasser mehr. Auch Flüsse sterben.
Über thrakischem Grabhügel drei Gräber
Mit dem roten Stern. Der Kommunismus:
Befreier der Lebendigen und der Toten.
Plovdiv. Trimontium. Philippopolis.
Auf drei Hügeln drei Jahrtausende.
Geschichte: hungriger Leichnam. Gestern
Das mit der Liebe des Vampirs nach Morgen greift.
(Wer war Orpheus. In seinem Lied kein
Platz für einen Pflug.) Alexander der Große
Sohn Philipps, den in Plovdiv keine Straße nennt
Konnte den gordischen Knoten nicht lösen.
Zerhaun kann ihn jeder, der nichts gelernt hat.
Glücklich das Volk, das seine Toten begräbt
Kalt gegen die Umarmung aus den Gräbern.
Ruhm den Helden. Dem Staub keine Träne.

ABSCHIED VON HEMINGWAY; SOFIA 1969

Restaurant in der Vorstadt. Davor der Besitzer
Alter Chirurg, zwanzig Jahre in Deutschland. Von dort
Hat er sich eine Frau mitgebracht. Sie ist fleißig
Eine trockene Deutsche, rennt herum
Füttert die Hühner. Er trinkt Bier.
Sein Haar
Grau vor einem Jahr, ist weiß geworden.
Manche Dinge kommen wieder und manche nicht.
Für die Touristen sieht er wie Hemingway aus.
Im Herzen ein totes Deutschland, sitzt er
Unter der Sonne wie ein alter Schnee.
Wenn er seine Augen aufheben würde
Manchmal über sein Bierglas, könnte er
Die Stadt nach ihm greifen sehen, die große
Schweißtrinkerin, und nach der alten
Landschaft, die das Blut getrunken hat
Der Söhne des Volkes und seiner Feinde, die Hauptstadt
Die immer gewachsen ist und noch wächst, schnell
Wie Gras, das neue Sofia mit dem Schwung
Der Spartakiaden, Beton gegen Melancholie.
Aber er hebt seine Augen nicht auf
Über sein Bierglas, ein alter Mann ohne Meer.
Mit seinem Traumfisch, er sucht ihn am Boden des Glases
Aus dem er sein Bier trinkt, spielen die Kinder.

PROJEKTION 1975

Wo ist der Morgen den wir gestern sahn

Der frühe Vogel singt die ganze Nacht
Im roten Mantel geht der Morgen durch
Den Tau der scheint von seinem Gang wie Blut

Ich lese, was ich vor drei, fünf, zwanzig Jahren geschrieben habe, wie den Text eines toten Autors, aus einer Zeit, als ein Tod noch in den Vers paßte. Die Mörder haben aufgehört, ihre Opfer zu skandieren. Ich erinnere mich an meinen ersten Versuch, ein Stück zu schreiben. Der Text ist in den Nachkriegswirren verlorengegangen. Es begann damit, daß der (jugendliche) Held vor dem Spiegel stand und herauszufinden versuchte, welche Straßen die Würmer durch sein Fleisch gehen würden. Am Ende stand er im Keller und schnitt seinen Vater auf. Im Jahrhundert des Orest und der Elektra, das heraufkommt, wird Ödipus eine Komödie sein.

GESTERN AN EINEM SONNIGEN NACHMITTAG
Als ich durch die tote Stadt Berlin fuhr
Heimgekehrt aus irgend einem Ausland
Hatte ich zum erstenmal das Bedürfnis
Meine Frau auszugraben aus ihrem Friedhof
Zwei Schaufeln voll habe ich selbst auf sie geworfen
Und nachzusehen was von ihr noch daliegt
Knochen die ich nie gesehen habe
Ihren Schädel in der Hand zu halten
Und mir vorzustellen was ihr Gesicht war
Hinter den Masken die sie getragen hat
Durch die tote Stadt Berlin und andere Städte
Als er bekleidet war mit ihrem Fleisch.

Ich habe dem Bedürfnis nicht nachgegeben
Aus Angst vor der Polizei und dem Klatsch meiner Freunde.

ALLEIN MIT DIESEN LEIBERN
Staaten Utopien
Gras wächst
Auf den Gleisen
Die Wörter verfaulen
Auf dem Papier
Die Augen der Frauen
Werden kälter
Abschied von morgen
STATUS QUO

BEIM WIEDERLESEN VON ALEXANDER FADEJEWS DIE NEUNZEHN

In einer Nacht mit Wodka DER HIMMEL VOLL MADEN
Schreibt er sein Bild fest mit dem Revolver im Blitzlicht
Des letzten Parteitags als die Denkmäler bluten

BRUCHSTÜCK FÜR LUIGI NONO

DAS GRAS NOCH
MÜSSEN WIR
AUSREISSEN DAMIT
ES GRÜN BLEIBT

In Auschwitz
Die Nagelspur
Mann über Frau
Über Kind

Die zerbrochnen Gesänge

Der Kirchenchor
Der Maschinengewehre

Gesang
Der zerschnittenen
Stimmbänder Marsyas
Gegen Apoll
Im Steinbruch der Völker

Das Fleisch der Instrumente

Welt ohne Hammer und Nagel

Unerhört

Ich bin der Engel der Verzweiflung. Mit meinen Händen teile ich den Rausch aus, die Betäubung, das Vergessen, Lust und Qual der Leiber. Meine Rede ist das Schweigen, mein Gesang der Schrei. Im Schatten meiner Flügel wohnt der Schrecken. Meine Hoffnung ist der letzte Atem. Meine Hoffnung ist die erste Schlacht. Ich bin das Messer mit dem der Tote seinen Sarg aufsprengt. Ich bin der sein wird. Mein Flug ist der Aufstand, mein Himmel der Abgrund von morgen.

NACHTZUG BERLINFRIEDRICHSTRASSE
FRANKFURTMAIN
Nach der Fahrt durch die lichtlose Heimat der Haß auf die
Lampen.
Daß die Leiche so bunt ist! ICH BIN DER TOD KOMM
AUS ASIEN

Bei der Vorbeifahrt am Schloßpark Charlottenburg plötzlich
die Trauer
GRÜN IST DIE FARBE DES UNHEILS Die Bäume gehören
den Toten

MANCHMAL WENN ICH MEINE PRIVILEGIEN GENIESSE
Zum Beispiel im Flugzeug Whisky von Frankfurt nach
(West)Berlin
Überfällt mich was die Idioten vom SPIEGEL meine
Wütende Liebe zu meinem Land nennen
Wild wie die Umarmung einer totgeglaubten
Herzkönigin am Jüngsten Tag

ZAHNFÄULE IN PARIS

Etwas frißt an mir

Ich rauche zu viel
Ich trinke zu viel

Ich sterbe zu langsam

BRIEF AN A.S.

...
Jetzt sind Sie tot Anna Seghers
Was immer das heißen mag
Ihr Platz wo Penelope schläft
Im Arm unabweislicher Freier
Aber die toten Mädchen hängen an der Leine auf Ithaka
Von Himmel geschwärzt in den Augen die Schnäbel
Während Odysseus die Brandung pflügt
Im Rücken Gelächter
Am Bug von Atlantis

KULTURPOLITIK NACH BORIS DJACENKO

Boris Djacenko sagte mir Nach dem Verbot
Meines Romans HERZ UND ASCHE Teil zwei
In dem zum erstenmal beschrieben wurden
Die Schrecken der Befreiung durch die ROTE ARMEE
Lud mein Zensor mich zu einem privaten Gespräch ein
Und der beamtete Leser zeigte mir stolz das verbotne
Typoskript in kostbares Leder gebunden SO
LIEBE ICH DEIN BUCH DAS ICH VERBIETEN MUSSTE
IM INTERESSE DU WEISST ES UNSRER GEMEINSAMEN
SACHE

In der Zukunft sagte Boris Djacenko
Werden die verbotnen Bücher gebunden werden
IM INTERESSE DU WEISST ES UNSRER GEMEINSAMEN
SACHE
In Leder gegerbt aus den Häuten der Schreiber
Halten wir unsre Häute intakt sagte Boris Djacenko
Damit unsre Bücher in haltbarem Einband
Überdauern die Zeit der beamteten Leser.

WIEDERSEHN MIT DER BÖSEN COUSINE

Die mein Spielzeug zerbrach hinter dem Rücken
ZEIG HER und ich zeigte es ihr und sie nahm es
Und ich hörte es knacken zwischen den Wurstfingern
Sah ihr nicht zu vergessendes Lächeln Heute noch
Das Knacken im Ohr vor Augen das nicht zu vergessende Lächeln
Rede ich schlecht über das was ich liebe aus Vorsicht
Jetzt sitzt sie vor mir und weiß von nichts
Der Schrecken ist kalt geworden Fleisch und Fett
Alltag Kindergeschrei Der Müll der Gattung

ABSCHIEDE

1
Du bist gegangen Die Uhren
Schlagen mein Herz Wann kommst du

2
Gestern habe ich angefangen
Dich zu töten mein Herz
Jetzt liebe ich deinen Leichnam
Wenn ich tot bin
Wird mein Staub nach dir schrein

3
Städte Landschaften mit Trauer besetzt
Ich kann sie nicht mehr sehn mit deinen Augen
YOU WERE BREASTS THIGHS BUTTOCKS NO NAME
Du wirst Knochen sein Staub kein Erinnern

4
FASS MICH NICHT AN
Die Stunde wenn das Herz stirbt

5
Vor meinem Balkon schrein die Vögel
Sie wissen von Nichts Ich
Warum sollte Ich schrein alt
Sechzig und ein Jahr Ich weiß alles

HERZ DER FINSTERNIS NACH JOSEPH CONRAD

Für Gregor Gysi
Schaurige Welt kapitalistische Welt
(Gottfried Benn in einem Radiogespräch mit
Johannes R. Becher 1930)

In der Valuta-Bar des Hotels METROPOL
Berlin Hauptstadt der DDR bemüht sich
Eine polnische Hure Gastarbeiterin
Um einen Greis mit Schnupfen
Zwischen den Kapiteln seines Vortrags
Über die Freiheit in den USA
Rotzt er ins Taschentuch und schreit nach dem Abfalleimer
Noch im Griff des Mitleids mit ihrem schweren Beruf
Höre ich zwei Geschäftsreisende
Bayern dem Geräusch nach
Asien verteilen: ALSO MALAYSIA TÄT MIR GFALLN
THAILAND AUCH KOREA GHÖRT DAZU
ALSO DAS KREUZSCHIENENSYSTEM FÜR DEN JEMEN
TÄT ICH NOCH PLANEN DANN
HAT SICH DIE SACHE
CHINA GHÖRT AUCH DAZU
CHINA IST ALS EINZIGES PROJEKT VERKAUFT WORDN
In der S-Bahn ZOOLOGISCHER GARTEN
FRIEDRICHSTRASSE
Habe ich zwei DDR-Bürger kennengelernt
Einer erzählt Mein Sohn drei Wochen alt
Wurde geboren mit einem Schild vor der Brust
ICH WAR AM NEUNTEN NOVEMBER IM WESTEN
Meine Tochter gleichaltrig Ich habe Zwillinge
Trägt die Aufschrift ICH AUCH
THE HORROR THE HORROR THE HORROR

SELBSTKRITIK 2 ZERBROCHNER SCHLÜSSEL

Der Aufstand brach am 23. Oktober 1956 aus, doch er begann schon am 6. Oktober mit der feierlichen Beisetzung von Rajk und seinen Genossen, wo 200.000 Menschen den Ermordeten die letzte Ehre erwiesen, aber vor allem für den Sturz eines mörderischen Regimes demonstrierten. Nur Vereinzelte erinnerten sich noch an den Stalinisten Rajk, wie das einer der Demonstranten tat, der vor sich hin flüsterte: Hätte er das erlebt, er würde in die Menge schießen lassen …
(Hodos: Schauprozesse S. 250)

Blaubarts verbotne Tür Verbotner Traum
Die toten Frauen im zertanzten Raum
Das Blut vom Schlüssel wäscht kein Regen ab
Den Tod auf deiner Netzhaut deckt kein Grab
Kein Engel sprengt mit Flügeln deinen Raum
Die toten Frauen essen deinen Traum
Der letzte Beischlaf ist das Standgericht
Im Jahr der Wolfsmilch siehst du dein Gesicht

GLÜCKLOSER ENGEL 2

Zwischen Stadt und Stadt
Nach der Mauer der Abgrund
Wind an den Schultern die fremde
Hand am einsamen Fleisch
Der Engel ich höre ihn noch
Aber er hat kein Gesicht mehr als
Deines das ich nicht kenne

1991

AHNENBRÜHE

Tödlich der Menschheit ihre zu rasche Vermehrung
Jede zweite Geburt ein Tod zu wenig Mord ein Geschenk
Jeder Vulkan eine Hoffnung Lob den Taifunen
Nicht Jesus Herodes kannte die Wege der Welt
Die Massaker sind Investitionen in die Zukunft
Gott ist kein Mann keine Frau ist ein Virus
Krankheit die dich gewöhnt an die Demut
Des Fleisches unter dem Boden
Im Keuchen der Bronchien
Die Stimme des Jüngsten Gerichts
Im SPIEGEL Berichte
Über die weltweit wachsende Schwierigkeit
Bei der Entsorgung unsrer versickernden Reste
BLUMENDÜNGER genannt im Gedicht der Romantik
Die Toten stillten die Enkel bei Mondschein
Und von der Sonne ging keine Gefahr aus
AHNENBRÜHE von heutigen Totengräbern
Verseucht mit Medikamenten verpestet von Fortschritt
Verwüsten wir tot UNSERE Umwelt UMWELT
Was für ein Wort WIR SIND DIE STRAHLENDE MITTE
Wie anders lebt man wissend daß man ein Gift ist
Lebt man anders Braucht der Mensch den Menschen
TOD DEN ENKELN Besser wir kehrten die Zeit um
Unser Besitzstand der Tod und keine Geburt mehr

1992

SEIFE IN BAYREUTH

für Daniel Barenboim

Als Kind hörte ich die Erwachsenen sagen:
In den Konzentrationslagern wird aus den Juden
Seife gemacht. Seitdem konnte ich mich mit Seife
Nicht mehr anfreunden und verabscheute Seifengeruch.
Jetzt wohne ich, weil ich den TRISTAN inszeniere
In einer Neubauwohnung in der Stadt Bayreuth.
Die Wohnung ist sauber wie ich noch keine gesehen habe
Alles ist am Platz: Die Messer Die Löffel Die Gabeln
Die Töpfe Die Pfannen Die Teller Die Tassen Das Doppelbett.
Die Dusche, MADE IN GERMANY, kann Tote aufwecken.
An den Wänden Blumen- und Alpenkitsch.
Hier ist Ordnung, auch das Grün hinter dem Haus
In Ordnung, die Straße still, gegenüber die HYPOBANK.
Als ich das Fenster aufmache zum erstenmal: Seifengeruch.
Das Haus der Garten die Stadt Bayreuth riechen nach Seife.
Jetzt weiß ich, sage ich gegen die Stille
Was es heißt in der Hölle zu wohnen und
Nicht tot zu sein oder ein Mörder. Hier
Wurde AUSCHWITZ geboren im Seifengeruch.

15. 8. 1992, als in Bayreuth eine Demonstration für
Rudolf Heß verboten wurde.

KLAGE DES GESCHICHTSSCHREIBERS

Im vierten Buch der ANNALEN beklagt sich Tacitus
Über die Dauer der Friedenszeit, kaum unterbrochen
Von läppischen Grenzkriegen, mit deren Beschreibung er
Auskommen muß, voll Neid
Auf die Geschichtsschreiber vor ihm
Denen Mammutkriege zur Verfügung standen
Geführt von Kaisern, denen Rom nicht groß genug war
Unterworfene Völker, gefangene Könige
Aufstände und Staatskrisen: guter Stoff.
Und Tacitus entschuldigt sich bei seinen Lesern.
Ich meinerseits, zweitausend Jahre nach ihm
Brauche mich nicht zu entschuldigen und kann mich
Nicht beklagen über Mangel an gutem Stoff

16. 8. 1992

HERZKRANZGEFÄSS

Der Arzt zeigt mir den Film DAS IST DIE STELLE
SIE SEHEN SELBST jetzt weißt du wo Gott wohnt
Asche der Traum von sieben Meisterwerken
Drei Treppen und die Sphinx zeigt ihre Kralle
Sei froh wenn der Infarkt dich kalt erwischt
Statt daß ein Krüppel mehr die Landschaft quert
Gewitter im Gehirn Blei in den Adern
Was du nicht wissen wolltest ZEIT IST FRIST
Die Bäume auf der Heimfahrt schamlos grün

21. 8. 1992

SENECAS TOD

Was dachte Seneca (und sagte es nicht)
Als der Hauptmann von Neros Leibwache stumm
Das Todesurteil aus dem Brustpanzer zog
Gesiegelt von dem Schüler für den Lehrer
(Schreiben und Siegeln hatte er gelernt
Und die Verachtung aller Tode statt
Des eignen: goldne Regel aller Staatskunst)
Was dachte Seneca (und sagte es nicht)
Als er den Gästen und Sklaven das Weinen verbot
Die seine letzte Mahlzeit mit ihm geteilt hatten
Die Sklaven am Tischende TRÄNEN SIND
UNPHILOSOPHISCH
DAS VERHÄNGTE MUSS ANGENOMMEN WERDEN
UND WAS DIESEN NERO BETRIFFT DER SEINE MUTTER
UND SEINE GESCHWISTER GETÖTET HAT WARUM
SOLLTE ER
MIT SEINEM LEHRER EINE AUSNAHME MACHEN
WARUM
VERZICHTEN AUF DAS BLUT DES PHILOSOPHEN
DER IHN DAS BLUTVERGIESSEN NICHT GELEHRT HAT
Und als er sich die Adern öffnen ließ
An seinen Armen zunächst und seiner Frau
Die seinen Tod nicht überleben wollte
Mit einem Schnitt Von einem Sklaven wahrscheinlich
Auch das Schwert auf das Brutus sich fallen ließ
Am Ende seiner republikanischen Hoffnung
Mußte von einem Sklaven gehalten werden
Was dachte Seneca (und sagte es nicht)
Während das Blut zu langsam seinen zu alten
Körper verließ und der Sklave gehorsam dem Herrn
Auch noch die Beinadern und Kniekehlen aufschlug
Gewisper mit ausgetrockneten Stimmbändern

MEINE SCHMERZEN SIND MEIN EIGENTUM
DIE FRAU INS NEBENZIMMER SCHREIBER ZU MIR
Die Hand konnte den Schreibgriffel nicht mehr halten
Aber das Gehirn arbeitete noch die Maschine
Stellte Wörter und Sätze her notierte die Schmerzen
Was dachte Seneca (und sagte es nicht)
Gelagert auf die Couch des Philosophen
Zwischen den Buchstaben seines letzten Diktats
Und als er den Becher leertrank das Gift aus Athen
Weil sein Tod auf sich warten ließ immer noch
Und das Gift das vielen geholfen hatte vor ihm
Konnte nur eine Fußnote schreiben in seinen
Schon beinahe blutleeren Leib keinen Klartext
Was dachte Seneca (sprachlos endlich)
Als er dem Tod entgegen ging im Dampfbad
Während die Luft vor seinen Augen tanzte
Die Terrasse verdunkelt von wirrem Flügelschlag
Nicht von Engeln im Säulengeflimmer beim Wiedersehn
Mit dem ersten Grashalm den er gesehen hatte
Auf einer Wiese bei Cordoba hoch wie kein Baum

August/September 1992

STERBENDER MANN MIT SPIEGEL

Puschkin sterbend
An seiner Duellwunde
Ließ sich einen Spiegel bringen
Und eine Schüssel mit Hirsebrei
WIE EIN AFFE sagte er
Löffelnd in den Spiegel

Nach menschlichem Ermessen werden wir
Einander nicht wiedersehn Wir brauchen uns
Nichts mehr vorzumachen Es kommt Wahrscheinlich
Nichts Neues mehr sondern es kommt Wahrscheinlich
Nichts Was immer das sein mag
Auch der Sprung in den Spiegel brächte uns
Einander nicht mehr näher Glas klirrt
Wie Frauen schrein

2. 10. 1992

MÜLLER IM HESSISCHEN HOF

Im Hotelrestaurant die Unschuld der Reichen
Der gelassene Blick auf den Hunger der Welt
Mein Platz ist zwischen den Stühlen Mein Traum
Die faltige Kehle der Witwe vom Nebentisch
Aufzuschneiden mit dem Messer des Kellners
Der ihr den Lammrücken vorschneidet Ich
Werde auch diese Kehle nicht aufschneiden
Mein Leben lang werd ich nichts dergleichen tun
Ich bin nicht Jesus Der das Schwert bringt Ich
Träume von Schwertern Wissend länger als ich
Wird die Ausbeutung dauern an der ich teilhabe
Länger als ich der Hunger der mich ernährt
Und die Dichter ich weiß es lügen zu viel
Villon konnte das Maul noch aufreißen
Gegen Adel und Klerus er hatte kein Bett keinen Stuhl
Und kannte die Gefängnisse von innen
Brecht schickte Ruth Berlau nach Spanien und schrieb
In Dänemark DIE GEWEHRE DER FRAU CARRAR
Gorki während er zweispännig durch Moskau fuhr
Haßte die Armut WEIL SIE ERNIEDRIGT Warum
Nur die Armen Majakowski hatte sich schon
Mit dem Revolver zum Schweigen gebracht
Die Lügen der Dichter sind aufgebraucht
Vom Grauen des Jahrhunderts An den Schaltern der Weltbank
Riecht das getrocknete Blut wie kalte Schminke
Der Schrecken der Gewalt ist ihre Blindheit
Der schlafende Penner vor ESSO SNACK & SHOP
Widerlegt die Lyrik der Revolution
Ich fahre im Taxi vorbei Ich kann es mir
Leisten Benn hatte gut reden Er hat
Mit seinen Gedichten kein Geld verdient und wäre
Krepiert ohne Haut- und Geschlechtskrankheiten
In der Nacht im Hotel ist meine Bühne

Nicht mehr aufgeschlagen Ungereimt
Kommen die Texte die Sprache verweigert den Blankvers
Vor dem Spiegel zerbrechen die Masken Kein
Schauspieler nimmt mir den Text ab Ich bin das Drama
MÜLLER SIE SIND KEIN POETISCHER GEGENSTAND
SCHREIBEN SIE PROSA Meine Scham braucht mein Gedicht

Frankfurt, 3. 10. 1992

MOMMSENS BLOCK

für Felix Guattari

What authorities are there
beyond Court tittle tattle
(Mommsen zu James Bryce 1898)

Die Frage warum der große Geschichtsschreiber
Den vierten Band seiner RÖMISCHEN GESCHICHTE
Den lang erwarteten über die Kaiserzeit
Nicht geschrieben hat beschäftigt
Die Geschichtsschreiber nach ihm
Gute Gründe sind im Angebot
Überliefert in Briefen Gerüchten Vermutungen
Der Mangel an Inschriften Wer mit dem Meißel schreibt
Hat keine Handschrift Die Steine lügen nicht
Kein Verlaß auf die Literatur INTRIGEN UND
HOFKLATSCH Selbst die silbernen Fragmente
Des lakonischen Tacitus nur Lektüre für Dichter
Denen die Geschichte eine Last ist
Unerträglich ohne den Tanz der Vokale
Auf den Gräbern gegen die Schwerkraft der Toten
Und ihre Angst vor der ewigen Wiederkehr
Er mochte sie nicht die Cäsaren der Spätzeit
Nicht ihre Müdigkeit nicht ihre Laster
Er hatte genug an dem einzigen Julius
Der ihm wert war wie der eigne Grabstein
Schon CÄSARS TOD ZU SCHILDERN hatte er
Wenn er gefragt wurde nach dem ausstehenden
Vierten Band NICHT MEHR DIE LEIDENSCHAFT
Und DIE FAULENDEN JAHRHUNDERTE nach ihm
GRAU IN GRAU SCHWARZ AUF SCHWARZ Für wen
Die Grabschrift Daß der Geburtshelfer Bismarck
Zugleich der Totengräber des Reiches war
Der Nachgeburt einer falschen Depesche

Konnte geschlossen werden aus dem dritten Band
Mürbe geworden in Charlottenburg
Zweimal täglich die Fahrt mit der Pferdebahn
Im Staub der Bücher und Handschriften vierzig
Tausend im Haus Mommsen Machstraße acht
Zwölf Kinder im Souterrain DER MUT ZUM IRRTUM
Der ZUM HISTORIKER QUALIFIZIERT ICH WEISS JETZT
LEIDER WAS ICH NICHT WEISS Zum Beispiel Warum
Zerbricht ein Weltreich Die Trümmer antworten nicht
Das Schweigen der Statuen vergoldet den Untergang
WAS WIR VERSTEHN SIND DIE INSTITUTIONEN
ABER ER IST MÜDE UND RECHT STAUBIG
Schrieb der fromme Dilthey an den Grafen York
VOM WEG AUF DEN LANDSTRASSEN DER PHILOLOGIE
INSKRIPTIONEN UND PARTEIPOLITIK
OHNE HEIMWEH DES GEISTES NACH DEM UN-
SICHTBAREN REICH Sein Reich war das Greifbare
Im Brief an eine Tochter Frau Wilamowitz
Träumt er von einer Villa bei Neapel
Nicht um sterben zu lernen Kommt Zeit kommt Tod
Und keine Gnade EIN KÖHLERGLAUBE
FUR GRAFEN UND BARONE das Christentum
Eine Baumkrankheit von der Wurzel her
Ein Krebs unterwandert von Nachrichtendiensten
Die zwölf Apostel zwölf Geheimagenten
Der Verräter liefert den Gottesbeweis
Und das Firmenzeichen Saulus ein kolonisierter
Bluthund spielt den Part des Sozialdemokraten
Paulus geworden durch einen Sturz vom Pferd
Und Leithammel des Unbekannten Gottes
Dem er die Schafe ins Gehege lockt
Zur Selektion Heil oder Verdammnis
Nur vor den Würmern sind die Toten gleich
Ein Polizeispitzel der erste Papst
Nur Johannes auf Patmos im Drogenqualm

Der Ketzer der Totenführer der Terrorist
Hat das Neue Tier gesehn das heraufkommt
Der Traum von Italien ist ein Traum vom Schreiben
Das Stimulans des Mondscheins auf Ruinen
Mit dem göttlichen Hochmut MEINER JUNGEN JAHRE
DER JÜNGEREN ZUMINDEST JUNG WAR ICH NIE
Was bleibt ist die GÖTTLICHE GROBHEIT A POOR
SUBSTITUTE Im Sumpf die Adler Warum das
Aufschreiben nur weil die Menge es lesen will
Daß in den Sümpfen mehr Leben ist als
In der Höhe weiß die Biologie
Wie soll man den Leuten begreiflich machen
Und wozu daß das erste Jahrzehnt unter Nero
Dem verhinderten Künstler dem blutigen
Musik wird hoch gehandelt im Niedergang
Wenn alles gesagt ist werden die Stimmen süß
Eine glückliche Zeit war für das Volk von Rom
Die glücklichste vielleicht seiner langen Geschichte
Es hatte sein Brot seine Spiele Die Massaker
Fanden in den oberen Rängen statt
Und hatten eine hohe Einschaltquote
Ein Wohnungsbrand im Haus Mommsen verursacht
Nicht durch christlichen Eifer gegen Bibliotheken
Wie vor zweitausend Jahren in Alexandria
Sondern durch eine Gasexplosion Machstraße acht
Ließ die schreckliche Hoffnung aufkommen
Der große Gelehrte habe den vierten Band
Den lang erwarteten über die Kaiserzeit
Doch geschrieben und der Text sei verbrannt
Mit dem Übrigen der Bibliothek zum Beispiel
Vierzigtausend Bände plus Handschriften
Gerettet wurde das AKADEMIEFRAGMENT
Sieben Seiten Entwurf gerahmt von Feuer
IN SPITZEN KLAMMERN DIE VERBRANNTEN WÖRTER
MOMMSENS wie die Herausgeber schreiben

Einhundertzwölf Jahre nach dem Brand
Über den Brand berichten die Zeitungen
Der Zeitungsleser Nietzsche schreibt an Peter Gast:
»Haben Sie von dem Brande in Mommsens Hause gelesen? Und daß seine Excerpten vernichtet sind, die mächtigsten Vorarbeiten, die vielleicht ein jetzt lebender Gelehrter gemacht hat? Er soll immer wieder in die Flammen hineingestürzt sein, und man mußte endlich gegen ihn, den mit Brandwunden bedeckten, Gewalt anwenden. Solche Unternehmungen wie die Mommsens müssen sehr selten sein, weil ein ungeheures Gedächtnis und ein entsprechender Scharfsinn in der Kritik und Ordnung eines solchen Materials selten zusammen kommen, vielmehr gegen einander zu arbeiten pflegen. – Als ich die Geschichte hörte, drehte sich mir das Herz im Leibe um, und noch jetzt leide ich physisch, wenn ich dran denke. Ist das Mitleid? Aber was geht mich Mommsen an? Ich bin ihm gar nicht gewogen.«
Ein Dokument aus dem Jahrhundert der Briefschreiber
Die Furcht vor der Einsamkeit versteckt im Fragezeichen
Wer ins Leere schreibt braucht keine Interpunktion
Gestatten Sie daß ich von mir rede Mommsen Professor
Größter Historiker nach Gibbon laut Toynbee
(Oder sagte er neben Die ewig nagende Furcht
Der Gepriesnen daß die Meßlatte lügt)
Im Leben wohnhaft Charlottenburg Machstraße acht
Zwei drei Seiten lang Für wen sonst schreiben wir
Als für die Toten allwissend im Staub Ein Gedanke
Der Ihnen vielleicht nicht zusagt dem Lehrer der Jugend
Das Vergessen ist ein Privileg der Toten
Immerhin haben Sie selbst die Publikation
Ihrer Kollegs per Testament verboten
Weil der Leichtsinn auf dem Katheder Verrat übt
An den Mühen des Schreibtischs Selbst die AENEIS
Wollten Sie verbrannt sehn nach dem Willen

Des gescheiterten Vergil Dem Augustus
Baumeister Roms selber zögernd vor der Vollendung
Weil sie den Abgrund verschweigt die Unsterblichkeit aufzwang
Die GÖTTLICHE KOMÖDIE wäre nicht
Geschrieben worden oder weniger dauerhaft
Ohne sein Verdikt gegen das Feuer
Und ich wollte Sie könnten Kafka lesen Professor
In Ihrer Marmorgruft auf Ihrem Sockel
Die Bomben des Zweiten Weltkriegs Sie wissen es
Haben die Machstraße nicht verschont Verschont
Wurde nicht Ihre Akademie der Wissenschaften
Vom Sturz der asiatischen Despotie Produkt
Einer falschen Lektüre und fälschlich genannt
Sozialismus nach dem großen Historiker
Des Kapitals Den Sie nicht wahrgenommen haben
Arbeiter in einem andern Steinbruch
Bevor sein Denkmal auf Ihrem Sockel stand
Einen Staat lang Der Sockel ist wieder Ihr Standort
Vor der Universität benannt nach Humboldt
Von den Machthabern einer Illusion
(Sie hatten Ihre Römische Geschichte nicht
Gelesen und Marx nicht der die Lektüre verschwiegen hat
Hätte er länger gelebt hätte man sagen können
Aus Geldneid vielleicht auf Ihren Nobelpreis der Jude)
Gefangen im Strickmuster der roten Cäsaren
Die SEINEN Text skandierten mit Soldatenstiefeln
Wie räumt man ein Minenfeld fragte Eisenhower
Sieger des Zweiten Weltkriegs einen andern
Sieger Mit den Stiefeln
Eines marschierenden Bataillons antwortete Shukow
Der GROSSE OKTOBER DER ARBEITERKLASSE besungen
Freiwillig Mit Hoffnung Oder im doppelten Würgegriff
Von zu vielen Und noch mit durchschnittener Kehle
War ein Sommergewitter im Schatten der Weltbank
Ein Mückentanz über Tatarengräbern

WHERE THE DEAD ONES WAIT
FOR THE EARTHQUAKES TO COME
Wie Ezra Pound vielleicht sagen würde der andre Vergil
Der auf den falschen Cäsar gesetzt hat gescheitert auch er
Nämlich die Gespenster schlafen nicht
Ihre bevorzugte Nahrung sind unsere Träume
Entschuldigen Sie Professor den bitteren Tonfall
Die Universität benannt nach Humboldt
Vor der Sie wieder auf Ihrem Sockel stehn
Lange nach Ihrem Tod wird freigeschaufelt
Gerade jetzt vom vermuteten Unrat des neuen
Köhlerglaubens nicht für Grafen und Barone
Gestern beim Essen in einem Nobelrestaurant
In der wieder bereinigten Hauptstadt Berlin
Blätterte ich in den Mitschriften Ihres Kollegs
Über die Römische Kaiserzeit frisch vom Buchmarkt
Zwei Helden der Neuzeit speisten am Nebentisch
Lemuren des Kapitals Wechsler und Händler
Und als ich ihrem Dialog zuhörte gierig
Nach Futter für meinen Ekel am Heute und Hier:
»Diese vier Millionen / Müssen sofort zu uns // Aber das
geht nicht // Aber das fällt gar nicht auf // Wenn Du diese
Klaviatur nicht beherrschst / Bist Du verloren Das hast Du
an X gesehn / Er hat sie nicht beherrscht // Die mußt Du
ihm / Einhämmern sonst geht er baden Schade // Also ich
habe die Befürchtung / Daß sie ihn an die Wand haun Wie
eine Qualle // Hängt er dann da Und zappelt und zappelt
//Ich halte ihn für einen guten Akquisiteur Im Vorfeld /
Aber wenns an die Knochenarbeit geht... // Dann muß
ers in andre Hände geben // Aber dann ist die Frage Sind
unsre Hände so gut / Daß sie den Spieß umdrehn können
// Man muß ihn auf Vordermann bringen // Wir müssen
ihn kaufen für die Deutsche Bank // Den holen wir uns
selber rein / Wenn ich nur die Kneifzange habe / Das bring
ich ihm bei Dann verdient er / Wirklich Geld.«

Fünf Straßen weiter wie die Sirenen andeuten
Schlagen die Armen auf die Ärmsten ein
Und als die Herren privat werden Zigarren und Cognak
Strikt nach dem Lehrbuch der Politischen Ökonomie
Des Kapitalismus: »Mich wollten sie / Auf die Hilfsschule
schicken // Meine Mutter war knochenhart / Gegen alle Du
machst das Abitur / Das Kollegium war immer gespalten
Es gab Lehrer die hielten mich für dumm.«
Tierlaute Wer wollte das aufschreiben
Mit Leidenschaft Haß lohnt nicht Verachtung läuft leer
Verstand ich zum erstenmal Ihre Schreibhemmung
Genosse Professor vor der römischen Kaiserzeit
Der bekanntlich glücklichen unter Nero
Wissend der ungeschriebne Text ist eine Wunde
Aus der das Blut geht das kein Nachruhm stillt
Und die klaffende Lücke in Ihrem Geschichtswerk
War ein Schmerz in meinem wie lange noch atmenden Körper
Und ich gedachte des Staubs in Ihrer Marmorgruft
Und des kalten Kaffees am Morgen früh sechs
In Charlottenburg im Haus Mommsen Machstraße acht
An Ihrem Arbeitsplatz umstellt von Büchern

Dezember 1992

ICH HAB ZUR NACHT GEGESSEN MIT GESPENSTERN
Jetzt holt Journaille meinen Schatten heim
ER HAT MIT DEM TEUFEL GEFRÜHSTÜCKT SEIN
LÖFFEL WAR
ZU KURZ BESPEIT IHN Im Erbrochnen schwimmt
Ein schwarzer Himmel Blau schreibt Leonardo
Mit seiner linken Hand in Spiegelschrift
Ist keine Farbe Ist ein Zufall aus
Luftströmungen und Hintergründen Nichts
Ist blau der Himmel eine schwarze Wolke

5. 1. 1993

NACHDENKEN ÜBER MICHELANGELO

Der aus dem Stein nicht mehr herausfand
Im Griff
Der Borgias
Heimgesucht von Parasiten

Auf der Haut des Geschundnen schief sein Gesicht
Hat er andre Materie geliebt als den Stein
Das Geschlecht im Marmor

20. 1. 1993

TRISTAN 1993

Gestern hatte mein Kind einen fremden Blick
Eine Schreckensnachricht einen Werbespot lang
In den Augen meines Kindes las ich
Der zu viel gesehen hat die Frage
Ob die Welt die Mühe des Lebens noch aufwiegt
Einen Augenblick eine Schreckensnachricht
Einen Werbespot lang war ich im Zweifel
Soll ich ihm ein langes Leben wünschen
Oder aus Liebe einen frühen Tod

1993

SCHWARZFILM

Das Sichtbare
Kann fotografiert werden
O PARADIES
DER BLINDHEIT
Was noch gehört wird
Ist Konserve
VERSTOPF DEINE OHREN SOHN
Die Gefühle
Sind von gestern Gedacht wird
Nichts Neues Die Welt
Entzieht sich der Beschreibung
Alles Menschliche
Wird fremd

1993

GESPRÄCH MIT YANG TSCHU »DEM PESSIMISTEN«

Lohnt es den Leib zu pflegen
                    Er ist sterblich
Damit er länger dauert
                    Und wozu
Da wir doch wissen nur der Tod ist erblich
Das Leben ist ein Witz er ist der Clou
Leb wie du willst oder leb nach der Schnur
Unsterblichkeit ist gegen die Natur
Das Leben
Nimm es nicht zu ernst mein Sohn
Das Leben ist nicht neu und bleibt sich gleich
Mit Freuden und mit Leiden Arm und Reich
Ordnung und Wirrsal bis zur Kremation
Besser die kurze als die lange Weile
Der Tod ist auch nicht neu Stirb ohne Eile
Das Grab kann warten Sterben ist ein Nu
Nimm es nicht ernst es ist ein Witz wie du

28. 6. 1994

SHOWDOWN

In einem Käfig gläsern sahn wir stehn
Den Mörder und das Opfer unbekannt
Einander auch nicht wissend noch wer wen
Zu töten in dem Glas gefangen stand
Mit andern starrten wir gierig zu schaun
Den Hals des Opfers in des Mörders Hand
Tod unser Stoff aus dem wir Städte baun
Die Furcht vorm Sterben nur zusammen hält
Und Hoffnung auf Atem im Morgengraun
Keiner kann aufstehn wenn kein andrer fällt
Die Plätze sind markiert das Wo das Wann
Was scherts die Küste wenn das Schiff zerschellt
Im Glas beginnt der Krieg Mann gegen Mann
Die Miete zahlt der letzte Würgegriff
Besser für Geld als wild im dunklen Tann
Der Mensch und sei es auf dem Geisterschiff
Das dümpelt in den Tiefen seiner Brust
Erwirbt als Mörder erst den letzten Schliff
Furcht des Voyeurs Sterben und nicht gewußt
Wem das Genick brach gläsern welche Hand
Der Rest heißt Abgrund Grauen oder Lust
In diesem oder einem andern Land

29. 11. 1994

IBSEN ODER DER TOD ALS EMBRYO FAHRT DURCH EINE FREMDE STADT

für Fritz Marquardt

In der Kantine des Berliner Ensembles
Die seit dem Mauerfall CASINO heißt
Im Theater nach Brecht ein Gespräch über Ibsen
Langsame Heimfahrt durch die fremde Stadt
In der ich gelebt habe fünfzig Jahre lang
Ibsen eingesperrt in seinem Kleinstaat
Mit dem Sprengstoff in seinem zu schweren Gehirn
Seiner verbotnen Liebe Und der allseits
Applaudierten zum Tod Der ihm Zeit läßt
Für ein Spätwerk mit Lawinen und Seegang

1. 12. 1994

THEATERTOD

Leeres Theater. Auf der Bühne stirbt
Ein Spieler nach den Regeln seiner Kunst
Den Dolch im Nacken. Ausgerast die Brunst
Ein letztes Solo, das um Beifall wirbt
Und keine Hand. In einer Loge, leer
Wie das Theater, ein vergessenes Kleid.
Die Seide flüstert, was der Spieler schreit.
Die Seide färbt sich rot, das Kleid wird schwer
Vom Blut des Spielens, das im Tod entweicht.
Im Glanz der Lüster, der die Szene bleicht
Trinkt das vergessne Kleid die Adern leer
Dem Sterbenden, der nur sich selbst noch gleicht
Nicht Lust noch Schrecken der Verwandlung mehr
Sein Blut ein Farbfleck ohne Wiederkehr.

9. 12. 1994

FREMDER BLICK: ABSCHIED VON BERLIN

Aus meiner Zelle vor dem leeren Blatt
Im Kopf ein Drama für kein Publikum
Taub sind die Sieger die Besiegten stumm
Ein fremder Blick auf eine fremde Stadt
Graugelb die Wolken ziehn am Fenster hin
Weißgrau die Tauben scheißen auf Berlin

14. 12. 1994

LEERE ZEIT

Meinen Schatten von gestern
Hat die Sonne verbrannt
In einem müden April

Staub auf den Büchern

In der Nacht
Gehn die Uhren schneller

Kein Wind vom Meer

Warten auf nichts

31. 12. 1994

FELDHERRNGEFÜHLE

SCIPIO während seine Soldaten Salz streuten
Auf die Trümmer und Leichenberge von Karthago
Zitierte Homer EINST WIRD KOMMEN DER TAG und weinte
Polybios hat es gesehn der Geschichtsschreiber
Wann haben wir einen Sieger weinen sehn

1994

AJAX ZUM BEISPIEL

Babypille fauler Zauber
Ajax hält das Becken sauber
Volksmund

In den Buchläden stapeln sich
Die Bestseller Literatur für Idioten
Denen das Fernsehn nicht genügt
Oder das langsamer verblödende Kino
Ich Dinosaurier nicht von Spielberg sitze
Nachdenkend über die Möglichkeit
Eine Tragödie zu schreiben Heilige Einfalt
Im Hotel in Berlin unwirklicher Hauptstadt
Mein Blick aus dem Fenster fällt
Auf den Mercedesstern
Der sich im Nachthimmel dreht melancholisch
Über dem Zahngold von Auschwitz und andere Filialen
Der Deutschen Bank auf dem Europacenter
Europa Der Stier ist geschlachtet das Fleisch
Fault auf der Zunge der Fortschritt läßt keine Kuh aus
Götter werden dich nicht mehr besuchen
Was dir bleibt ist das Ach der Alkmene
Und der Gestank von brennendem Fleisch den täglich
Von deinen Rändern der landlose Wind dir zuträgt
Und manchmal aus den Kellern deines Wohlstands
Flüstert die Asche singt das Knochenmehl
Eine Laufschrift am Kurfürstendamm verkündet der Welt
PETER ZADEK ZEIGT BERLIN SEINE ZÄHNE
BEWARE OF DENTISTS möchte man ihm sagen
In den Bauernkriegen dem größten Unglück
Der deutschen Geschichte las ich kopfschüttelnd
Im Stand der Unschuld neunzehnachtundvierzig
Wie kann eine Revolution ein Unglück sein

In Brechts Anmerkungen zur MUTTER COURAGE
Wurde der Reformation der Reißzahn gezogen
Heute kann ich die Fortsetzung schreiben Der
Französischen Revolution in den Kriegen Napoleons
Der sozialistischen Frühgeburt im Kalten Krieg
Seitdem tanzt die Geschichte wieder Tango
Ein Exkurs über Revolution und Zahnmedizin
Geschrieben im Jahrhundert der Zahnärzte
Zwei Zahnprothesen ein Büchner-Preis
Das zu Ende geht Das kommende
Wird den Advokaten gehören die Zeit
Steht als Immobilie zum Verkauf
Im Hochhaus unter dem Mercedesstern
In den Etagen der Kulturverwaltung
Was für ein Wort Wer verwaltete Phidias
Ein Teppichhändler aus Smyrna laut POLYDOR
Auch die Kunst lebt nicht vom Staub allein
Brennt noch Licht rauchen die Köpfe im Sparzwang
Proben die Amputierten den aufrechten Gang
Mit geborgten Krücken aus Fiberglas
Unter Aufsicht des Finanzsenators
ZUM GELDE DRÄNGT AM GELDE HÄNGT DOCH ALLES
Stöhnt Faust in Goethes Sarkophag in Weimar
Mit der gebrochnen Stimme von Einar Schleef
Der seine Chöre probt in Schillers Schädel
Ich Dinosaurier im Rauschen der Klimaanlage
Selbst in der Steuerschraube bis zum Hals
Die Staatsgewalt geht vom Geld aus Geld
Muß kaufen Arbeit macht unfrei Heimat ist
Wo die Rechnungen ankommen sagt meine Frau
Lese Sophokles AJAX zum Beispiel Beschreibung
Eines Tierversuchs vergilbte Tragödie
Eines Mannes mit dem eine launische Göttin
Blindekuh spielt vor Troja im Abgrund der Zeiten

Arnold Schwarzenegger im WÜSTENSTURM
Um mich heutigen Lesern verständlich zu machen
ICH AJAX OPFER ZWEIFACHEN BETRUGS
Ein Mann in Stalinstadt Bezirk Frankfurt Oder
Auf die Nachricht vom Klimawechsel in Moskau
Nahm stumm von der Wand das Porträt des geliebten
Führers der Arbeiterklasse des Weltkommunismus
Trat mit Füßen das Bild des toten Diktators
Hängte sich auf an dem frei gewordenen Haken
Sein Tod hatte keinen Nachrichtenwert Ein Leben
Für den Reißwolf KEINER ODER ALLE
War das falsche Programm für alle reicht es nicht
Das letzte Kriegsziel ist die Atemluft
Oder KAULICH befreit von der Roten Armee
Aus Hitlers Gulag hört nach vier Tagen Fußmarsch
Aus einem zerschoßnen Fenster seine Frau schrein
Sieht einen Soldaten der ruhmreichen Roten Armee
Der sie aufs Bett wirft vergißt das ABC
Des Kommunismus schlägt dem Genossen Befreier
Den Schädel ein Übt Selbstkritik im Gespräch mit dem Toten
Kein Ohr für die immer noch schreiende Frau
Wird zuletzt gesehn auf dem Transport
In Stalins Gulag seine zweite Epiphanie
Singt die Internationale im Viehwagen
Wenn er gestorben ist singt er heute noch
Mit den toten Kommunisten unter dem Eis
Das Schreibglück der fünfziger Jahre
Als man aufgehoben war im Blankvers
Zwischen den Planken des kenternden Geisterschiffs
Beschirmt vom ironischen Pathos des Knittelreims
Nur die Hebungen werden gezählt
Gegen den Steinschlag der Denkmäler
In der Ewigkeit des Augenblicks
Im Elend der Information BILD KÄMPFT FÜR SIE

Wird Erzählung Prostitution BILD KÄMPFT
Gibt die Tragödie den Geist auf Stalin zum Beispiel
Seit seine Totems zum Verkauf stehn
Blut geronnen zu Medaillenblech
Am Brandenburger Tor für Hitlers Enkel
Welchen Text soll ich ihm in den Mund legen
Oder ins Maul stopfen je nach dem Standpunkt
In das Gehege seiner gelben Zähne
In sein kaukasisches Wolfsgebiß
In seiner Nacht im Kreml beim Warten auf Hitler
Wenn der sprachlose Lenin erscheint im Wodka
Lallend und brüllend nach dem zweiten Gehirnschlag
Der Beweger der Welt dem seine Zunge
Nicht mehr gehorchen will LENINDADA
Seine Welt ein Quadrat von Malewitsch
Der Tartar der das Gesetz der Steppe
Nicht mehr begreift Römer geworden zur Unzeit
Das sein Vollstrecker im Blut hat der Kaukasier
Oder Trotzki das Beil des Macbeth noch im Schädel
Die Faust geballt zum bolschewistischen Gruß
Im deutschen Panzerturm Hamlet der Jude
Oder Bucharin der im Keller singt
Der Liebling der Partei Kind der AURORA
Mit Hitler vielleicht kann er reden von Mann zu Mann
Oder von Tier zu Tier je nach dem Standpunkt
Der Totengräber mit dem Totenführer
Nach zehn Jahren Krieg war Troja museumsreif
Ein Gegenstand von Archäologie
Nur eine Hündin heult noch um die Stadt
Aus den Gebeinen der Rächer gründete Rom
Preis eine brennende Frau in Karthago
Mutter der Elefanten Hannibals
Rom von der Wölfin gesäugt das den Sieger beerbte
Griechenland eine Provinz aus der man Kultur zog

3000 Jahre nach der blutigen
Geburt der Demokratie mit Bad Netz Beil
O NACHT SCHWARZE MUTTER im Haus der Atriden
Die Zange führt Athene die Kopfgeburt
Kriecht das dritte Rom schwanger mit Unheil
Nach Bethlehem in seine nächste Gestalt
Der Rausch der alten Bilder Die Müdigkeit
Im Rücken das unendliche Gemurmel
Des Fernsehprogramms BEI UNS SITZEN SIE
IN DER ERSTEN REIHE Die Schwierigkeit
Den Vers zu behaupten gegen das Stakkato
Der Werbung das die Voyeure zu Tisch lädt
UNSERN TÄGLICHEN MORD GIB UNS HEUTE
In meinem Gedächtnis taucht ein Buchtitel auf
DIE ERSTE REIHE Bericht von Toden in Deutschland
Kommunisten gefallen im Krieg gegen Hitler
Jung wie die Brandstifter von heute wenig
Wissend vielleicht wie die Brandstifter von heute
Andres wissend und andres nicht wissend
Verfallen einem Traum der einsam macht
Im Kreisverkehr der Ware mit der Ware
Ihre Namen vergessen und ausgelöscht
Im Namen der Nation aus dem Gedächtnis
Der Nation was immer das sein oder werden mag
Im aktuellen Gemisch aus Gewalt und Vergessen
In der traumlosen Kälte des Weltraums
ICH AJAX DER SEIN BLUT VERSTRÖMT
ÜBER SEIN SCHWERT GEKRÜMMT AM STRAND VON
TROJA
Im weißen Rauschen
Kehren die Götter zurück nach Sendeschluß
Verbrennt die Sehnsucht nach dem reinen Reim
Der Welt in Wüste wandelt Tag in Traum
Reime sind Witze im Einsteinschen Raum

Des Lichtes Welle sondert keinen Schaum
Brechts Denkmal ist ein kahler Pflaumenbaum
Und so weiter was die Sprache hergibt
Oder das Lexikon des deutschen Reims
Das letzte Programm ist die Erfindung des Schweigens
ICH AJAX DER SEIN BLUT

1994

TRAUMWALD

Heut nacht durchschritt ich einen Wald im Traum
Er war voll Grauen Nach dem Alphabet
Mit leeren Augen die kein Blick versteht
Standen die Tiere zwischen Baum und Baum
Vom Frost in Stein gehaun Aus dem Spalier
Der Fichten mir entgegen durch den Schnee
Trat klirrend träum ich seh ich was ich seh
Ein Kind in Rüstung Harnisch und Visier
Im Arm die Lanze Deren Spitze blinkt
Im Fichtendunkel das die Sonne trinkt
Die letzte Tagesspur ein goldner Strich
Hinter dem Traumwald der zum Sterben winkt
Und in dem Lidschlag zwischen Stoß und Stich
Sah mein Gesicht mich an: das Kind war ich.

1994

Über ein Blatt mit Gedichten
Frisch aus der Schreibmaschine
läuft ein Insekt
Ich weiß nicht ob es mir Spaß gemacht hätte
Aber das weiß ich genau ich hätte es umgebracht
vor zehn Jahren ohne
Zögern Was ist anders geworden
Ich oder die Welt

WELCOME TO SANTA MONICA

Ein sterbender Mann betritt das Hotelfoyer
Wo andre Sterbende ihre Zeit totschlagen
Kurz oder lang zwischen Geburt und Tod
Mit Geschäften oder allein mit dem Glas
Aus dem das Vergessen kommt Der neue Gast
Ist gezeichnet von einem andern Tod
Sein Gesicht seine Hände Blick und Gang
Halb schon ein Engel Oder ein Kupferstich
Von Dürer dem Pedanten der Melancholie
Ein Mann umarmt ihn er steht gut im Fleisch
Seine Tage sind noch nicht gezählt
Wenn man dem Augenschein glauben darf
Sie verschwinden hinter einer Säule
Aus gefälschtem Marmor Nach einer Zeit
Ein Ausschnitt wie aus einem alten Film
Seh ich zwischen Topfpalme und Säule
In einem Sessel den Gesunden sitzen
Und eine Hand beinah schon fleischlos die
Über seinen Kopf streicht einmal vielmal
Sie kann nicht aufhören sie zählt die Stunden
Vor dem EMBASSY unsrer Pension
Mit der defekten Heizung OLD WORLD CHARM
Sagt ein Hausschild EINTRITT VERBOTEN
Weint ein Veteran um seinen Kater
Der sich im Garten der Pension versteckt
HE'S MY ONLY FRIEND IN LIVE YOU KNOW
I WATCH HIM I'M NOT ALLOWED TO ENTER THE GARDEN
I'M AFRAID THEY STOLE HIM THE NAME IS TIGER
Das Leben ist der Güter höchstes nicht
TIGER'S THE NAME TIGER TIGER

1995

VAMPIR

Die Masken sind verbraucht fin de partie
Prolet und Mörder Bauer und Soldat
Aus den geborgten Mündern dringt kein Laut
Zerstoben ist die Macht an der mein Vers
Sich brach wie Brandung regenbogenfarb
Im Zaun der Zähne starb der letzte Schrei
WILLKOMMEN IN WORKUTA KOM(M)MISSAR
Statt Mauern stehen Spiegel um mich her
Mein Blick sucht mein Gesicht Das Glas bleibt leer

1995

NOTIZ 409

Wenn schon dein Lied nicht leben hilft
So hilft es doch zum Tode
(Brentano)

Der Himmel verspricht einen schönen Tag Er beginnt
Mit der Zeitungslektüre in der Hotelbar
Ein Überlebender beschreibt ein Blutbad
ICH LAG UNTER ICHWEISSNICHT WIEVIEL TOTEN
MIT ANGST DASS EINER LEBT UND BEWEGT SICH
ODER FÄNGT AN ZU SCHREIN ÜBER MIR SIE SCHOSSEN
AUF ALLES WAS SICH REGTE ODER LAUT GAB
GLÜCKLICHERWEISE WAREN ALLE TOT
Das Glück muß sich nach der Decke strecken
Leben weil alle tot sind ein Menschheitstraum
Leerzeit Ein Tag wirft mich dem andern zu
Axel Manthey ist tot Man sollte Komödien schreiben
Leben in diesem trüben Menschenbrei
Mit glücklichen Idioten vor dem Bildschirm
Heute nacht im Traum war ich Aktäon
Ich wurde von sieben Frauen gejagt
Eine Schauspielerin führte sie an
Durch Wald und Feld wir zertraten die Blumen
Sie jagten mich mit einer Drahtschlinge
Ich belästigte einige Freunde mit Fragen
Nach meinem neuen Stück ICH BIN IRRITIERT
Sagte der höflichste Die andern schwiegen
Meine Frau fragte mich BRAUCHST DU DAS
Gründgens speist mit Göring dem Jäger und Sammler
Im Keller erteilt die Geheime Staatspolizei
Dem Kommunisten Hans Otto Gesangsunterricht
ICH BIN SCHAUSPIELER KEIN VOLK sagt Hamlet
Wenn Laertes politisch wird Er seinerseits
Weiß wie man sich dreht und wendet im

Gespräch mit Mördern aus Liebe zur Kunst
ICH DENKE EINEN LANGEN SCHLAF ZU TUN
War das letzte was man von ihm gehört hat
HAMLETWALLENSTEIN dem seine Mörder
Die Beine brechen mussten weil der Sarg
Zu kurz geraten war Unsre Hamlets
In Platons Höhle Althusser zum Beispiel
Ein Kommunist massiert seine Frau Immer schon
Hat sie den Nacken steif gemacht gegen seine
Grund legende Skepsis immer schon wollte er
Sagt ein Graffito an der Mauer der école normale
Ein Handarbeiter sein
OH MUTTER MUTTER
WAS HAST DU GETAN
Oder Pasolini
GIB MIR DEINEN ARSCH PELOSI ICH
WILL DEINEN DRECKIGEN ARSCH SOHN ITALIENS
HURE VON MARLBORO UND COCA COLA
GIB MIR DEINEN DRECKIGEN
Blutige Hochzeit
Mit der Klasse die die Zukunft trägt
Auf Schultern tätowiert vom Kapital
Die Morgenröte einer Nacht Die Nacht
Der Morgenröte
Dann legt Pelosi den Gang ein
Und fährt das Auto über den Besitzer
JETZT BIST DU VEREINT PAOLO MIT DEINEM ITALIEN
Oder St. Martin Waldschrat und Gartenzwerg
Im kurzen Leder wartend auf den Führer
... SEINE WUNDERSCHÖNEN HÄNDE JASPERS
In seinem Schwarzwald wo Kafka der ewige Jude
Den Jäger Gracchus gesehn hat den Toten der
Das Sterben nicht gelernt hat den Meister aus Deutschland
Der sich die Hände wärmt im Blut seiner Tiere
Immerhin hat er gewußt St. Martin

Seit die Mitten über den Jordan gehn
Daß der Boden der Abgrund ist Leben ein Sprung
Denn Gott ist tot seine verwaisten Engel
Leihen ihre Flügel nicht mehr aus
Sein Skelett kreist im Weltraum
In der Hotelbar langweilt ein betrunkener Gast
Eine Serviererin sie hat dienstfrei und darf
An der Theke sitzen mit dem Krebstod seiner Frau
Dann unterhalten sie sich über Hunde
ICH MAG CHOWCHOWS sagt die Serviererin
WEIL SIE SO KLEIN SIND BITTE SEHR WO BLEIBT
MEIN DRINK schreit der Betrunkene I HATE DOGS
THEY TOOK MY TIME WHEN I LIVED WITH MY WIFE
AND SHE'S DEAD NOW AND THE DOGS TOOK MY TIME
Gestern habe ich Teorema gesehn
ICH BIN GESTORBEN FÜR DIESE GESELLSCHAFT
Sagt der müde Kapitalist auf dem Bahnhofsstrich
Wie soll die Welt enden wenn das Geld müde wird
Der Strichjunge zieht sich schon auf dem Bahnsteig aus
Mitten unter den Reisenden ins Nichts
Die Welt ist beschrieben kein Platz mehr für Literatur
Wen reißt ein gelungener Endreim vom Barhocker
Das letzte Abenteuer ist der Tod
Ich werde wiederkommen außer mir
Ein Tag im Oktober im Regensturz

Baden-Baden, Oktober 1995

ENDE DER HANDSCHRIFT

Neuerdings wenn ich etwas aufschreiben will
Einen Satz ein Gedicht eine Weisheit
Sträubt meine Hand sich gegen den Schreibzwang
Dem mein Kopf sie unterwerfen will
Die Schrift wird unlesbar Nur die Schreibmaschine
Hält mich noch aus dem Abgrund dem Schweigen
Das der Protagonist meiner Zukunft ist

1995

im schädel königreiche universen
der trübe rest an schläuchen aufgehängt
ein sack chemie den krebstod auf den fersen
ein wirbelsturm in ein staubkorn gezwängt

zu stillem rasen aus den eingeweiden
giftwälder blühn landschaften in orange
schlaflos die nacht vom tag nicht mehr zu scheiden
der tod wird heimat göttliche melange

Dezember 1995

ICH KAUE DIE KRANKENKOST DER TOD
Schmeckt durch
Nach der letzten
Endoskopie in den Augen der Ärzte
War mein Grab offen Beinahe rührte mich
Die Trauer der Experten und beinahe
War ich stolz auf meinen unbesiegten
Tumor
Einen Augenblick lang Fleisch
Von meinem Fleisch

12. 12. 1995

Vor meiner Schreibmaschine dein Gesicht
Dein Auge das mich fragt Was willst du sagen
Gegen die Welt Wie kannst du sie ertragen
Was willst du tun daß sie zusammenbricht
Ich sitze krumm an meiner Schreibmaschine
Es geht auf Mitternacht und nebenan
Schläft unsre Tochter Braucht sie was ich kann
(Oder) ist es ihr Tod den ich bediene
Dein Auge hält mich Fest in deinem Blick
Hör ich mich sagen daß mein Leben lohnt
Auf dieser Welt nicht nur von uns bewohnt
Mit deinen Augen sieht mein Kind mich an
Wie lange bleibt es von der Welt verschont
Wenn ich die Frau bin und du bist kein Mann

Bogen und Leier

Allzuoft hört man von der Größe eines Autors. Doch wie sich diese berechnen läßt, bleibt meist so unklar wie die Bemessung der Nützlichkeit einer bestimmten Tierart. Am ehesten noch gleicht sie der heraldischen Bedeutungsfülle mancher Spezies, die am Ende nicht selten nur als Tautologie überlebt: ein Adler ist ein Adler, eine Maus eine Maus. Doch während die mächtigen unter den Tieren, die Herrscher, die Beutejäger und Bestien, für sich selbst zu sprechen scheinen, gibt es für die Kleinen und Massenhaften, die Schwachen und Opferbereiten nur das listige Spiel mit den Attributen, die meistens komisch oder bestenfalls doppeldeutig sind. Gegen die Muskelstärke der einen steht dann die Fruchtbarkeit der andern, gegen das furchteinflößende Gebrüll und die zielsichere Tödlichkeit etwas wie Verstellung, das Rascheln und Wispern und die gescheite List. Es gibt Autoren, die haben Königreiche errichtet und ganze Landschaften mit ihren Metaphern besetzt, während andere durch ihr vieldeutiges Murmeln die Färbung der Muttersprache selbst annahmen. Während die einen der Nachwelt wie eine untergegangene Dynastie erscheinen, zeitfern und jeder Einfühlung entrückt, blinzeln die andern noch immer aus jeder Ecke des Wörterbuchs, populär wie am ersten Tag. Über die Größe scheint letzten Endes nur zu entscheiden, ob sie auf eines der Wappenfelder paßt, die von den Zeremonienmeistern regelmäßig über die Köpfe der Sprachgemeinschaft erhoben werden. Der scharfe Umriß zählt, nicht die zoologisch detaillierte Beschreibung, bei den einen so gut wie bei den andern. Wer als ausgestorben gilt wie die isländische Dronte oder der Beutelwolf aus dem fernen Tasmanien hat wenig Aussicht auf ein Verständnis der späteren Generationen. Dem Ausgerotteten schlägt keine spätere Stunde. Größe ist nämlich nicht, wie der Volksmund meint, relativ, sondern als morphologische Kategorie immer schon absolut und damit überschaubar von allen Seiten.

Um sie auf Dichter anzuwenden und erst recht auf Autoren, braucht es zumindest eine spontane Vorstellung von den Themen, die ihr Werk ausmachen wie das weniger anderer. Ist ein großer Autor also einer, dessen Platz kein zweiter einnehmen könnte? Wäre sie folglich nicht gleichzusetzen mit Originalität? Wenn dem so wäre, dann stünde den Arbeiten Heiner Müllers in Zukunft noch manche Revision bevor. Denn allzu vieles von dem, was ihn zeitlebens beschäftigte, bewegt sich in einem Gelände, das vor ihm schon ein gewisser Bertolt Brecht abgegrast hatte. Nun war Brecht zwar ein thematischer Vielfraß, was ihn zu einem gefürchteten Monster in der deutschen Literaturfauna gemacht hat, aber er hatte beileibe nicht alles mit derselben Gründlichkeit durchgekaut. Da war manches, was er am Wegrand übersehen hatte, und einiges war ihm so ungeheuer, daß er lieber den Horizont als dieses absolut Ungenießbare und Schwerverdauliche anpacken wollte. Mit anderen Worten, es konnte sich lohnen, ihm zu folgen, weil man bald auf Verdrängtes stieß, verdrängt von einem, der scheinbar furchtlos vorangegangen war in der Chronik seines mörderischen Jahrhunderts. Hier nun setzt Müllers Appetit ein, sein Interesse an Widersprüchen und Katastrophen, aus denen so ziemlich alles gemacht war, was die Menschenkollektive seiner Zeit als Geschichte in Atem hielt. Um im Bilde zu bleiben: der Dichter, um den es hier geht, sah sich selbst wohl am liebsten als Hyäne. Der Kadaver, um den er zeitlebens in immer engeren Kreisen herumstrich, war nichts geringeres als der Kommunismus, von dem, nach dem Abzug der Löwen und Geier, kaum mehr geblieben war als ein Skelett, abgenagt bis auf den vorletzten Fleischfetzen. Es braucht keine bösen Zungen, um zu benennen, was ihn am meisten fesselte. Wichtig ist die Methodik, der Raubtierinstinkt, mit dem er es anging. Dank Müller hat man heute eine Vorstellung von der pornographischen Dialektik, die das Projekt der Befreiung des Menschengeschlechts von Ausbeutung und Sklaverei erfaßt hatte. Das Stottern der Guillotine, mit der die Französische Revolution ihre Protagonisten vertilgte, wühlte ihn stärker auf als der Sturm im Wasserglas, die Erschütterung in den Lebensnischen der kleinen Leute. Mir ist niemand begegnet, der so zwingend wie er dem modernen Weltgeist auf der Spur gewesen wäre, der Logik antagonistischer Ideen, wie sie die Körper seit 1789 als Geiseln genommen hatte in einem Prozeß, der in Europa mit dem Aufstieg und Untergang des Bolschewismus endete. Alle seine Themen waren antithetischer Natur, so sehr, daß auch Kunst ihm nur als Schauplatz von Kämpfen auf Leben und Tod denkbar war. Er selbst hat, als Zeitgenosse des sogenannten Kalten Krieges, das Grundprinzip seines Dichtens und Denkens autobiographisch verschlüsselt: als »Krieg ohne Schlacht«. Utopie, das Zauberwort aller linken Erlösungshoffnung, war ihm identisch mit Terror, Aufklärung nichts als eine ununterbrochene Katastrophe, die gerechte Güterverteilung ein Streit, der auf Ausrottung hinauslief. In diesem Weltbild war sogar Liebe nur darstellbar als die Kehrseite künftigen Verrats. Um zu verstehen, worauf es ihm ankam, genügt es, einen der ältesten europäischen Denker zu Rate zu ziehen, den Philosophen Heraklit, der unter Gleichgesinnten als Erfinder der Dialektik gilt. Von ihm ist zuerst die Einsicht überliefert, das Unstimmige, das mit sich selbst übereinstimmt, sei nur des Widerspenstigen Fügung, eine Konstruktion wie die von Bogen und Leier. Denn während der Bogen trifft und vernichtet, ist die Leier das Instrument der Synthese, des integrierenden Gedächtnisses in Form der Musik, die den Widerstreit überliefert. Beide gehören als Werkzeuge der Gattung zusammen. Sie sind verschränkt wie der Kampf um Troja und das Epos des Sängers Homer, mit dem alle abendländische Literatur ihren Anfang nimmt. Erst die Zwietracht macht Dichtung möglich, erst der Krieg als Vater der Dinge ihre Aufhebung im Vers. In diesem Sinne hat Müller die Lehre des Heraklit treuer beherzigt als etwa die des Hesiod, der mit derselben Überzeugung die Koexistenz verkündete, das friedliche Miteinander aller Wesen und Phänomene. Wo immer Seelenruhe möglich gewesen wäre, die gelassene Betrachtung der Werke und Tage, entschied sich Müller, der Dichter im Weltbürgerkrieg, für den Lobpreis des Kontradiktischen, für die Dramatisierung der Gegensätze, die alle auf Ausschließung drängen. Der mephistophelische Biß trieb ihn schärfer an als die Gewissenszweifel des Faust, der vom Preis seiner humanistischen Unternehmungen immer erst wissen wollte, wenn es zu spät war. Mit der ganzen poetischen Energie konzentrierte er sich auf das Verschwinden des Rests aus der Gleichung. Bis zur letzten Gedichtzeile, so scheint es, war er fixiert auf den Zwiespalt, den Bruch in allen Verhältnissen, in die das Subjekt der Geschichte sich blindlings verstrickt hatte.

Nicht von ungefähr zieht sich durch alle Stadien seines Werkes die Figur des Herakles. Müllers Dichterohr war trainiert genug, aus seinem Namen den des philosophischen Widergängers herauszuhören. Herakles, der proletarische Held per se, ein Bastard, halb Mensch, halb Gott, stürmt bei ihm immer schon als Täter den Hügel hinauf, ein polternder Namensvetter des dunklen Denkers, der im schlafenden Menschen, dem im Traum nachts ein Licht aufgesteckt wird, den angezündeten Toten erblickte. Die beliebtesten Mythen der griechischen Antike handeln von den Irrungen und Wirrungen des Herakles, der mit den zwölf Arbeiten, die ihm auferlegt wurden, durch beherztes Aufräumen unter den Ebern, Löwen und Hydren, zur Kultfigur wurde, übrigens lange vorm Auftritt des ersten Gladiators. Müller, so schien es zuletzt, hat durch alle Überlieferung hindurch immer nur Ausschau gehalten nach der zerstörerischen Konsequenz. Am Ende seines Lebens beschreibt er, von entfesselter Marktwirtschaft und einer Öffentlichkeit nach dem Bilde der *Superillu* gründlich desillusioniert, eine noch unbekannte, dreizehnte Arbeit des alten Heros: die Befreiung Thebens von den Thebanern. Gemeint war, daran ließ er mit seinem galligen Pessimismus keinen Zweifel, mindestens etwas so Ungeheuerliches wie die Reinigung der Erde vom Menschen, diesem terrestrischen Parasiten. Weit mehr Zukunftsszenario als bloßer Scherz, war dies die höchste Satire, in der all seine Botschaften schließlich gipfelten. Denn: »Die Hyäne ist das Wappentier der Mathematik, sie weiß, daß kein Rest bleiben darf. Ihr Gott ist die Null.«

In solchem Denkbild erst, einer Allegorie aus dem Bestiarium der Zeitgeschichte, kann sich sein Glaubensbekenntnis beruhigen. Es ist seine Kriegserklärung an den herrschenden literarischen Geschmack, der lieber auf Ausgleich bedacht war und die Konflikte rhetorisch umging. Allein die Diktion, die sich bei aller Motivvielfalt in Drama oder Gedicht kaum je verändert hat, markiert die Verachtung aller moderaten Darstellungsformen, die in Poesie etwas anderes als den Ausdruck gesellschaftlicher Krisen sehen wollte, zum Beispiel ihre Versöhnung im Vers. Die Hyäne, mit der er sich emblematisch verbündete, war dabei alles andere als das Leittier der Dekadenz. Das zeigt die Genugtuung, mit der er den Sowjetschriftsteller Fadejew zitiert, einen ausgemachten Stalinisten, der Sartre, die Verkörperung des westlichen Nachkriegsintellektuellen, als Hyäne an der Schreibmaschine verhöhnte. Keine Frage, die Umwertung der Bilder gehörte zu Müllers Lieblingstaktiken, sie war seine Form des Humors, ob es sich dabei um aphoristische Heiligtümer aus dem Fundus Goethes oder die Dogmen des literarischen Alliierten Brecht handelte. Er wußte, wieviel Staub sich in kurzer Zeit auf der schönsten Metapher sammeln konnte, wie schnell ein Gleichnis alt aussah, seit die Menschheit, jenseits von Gut und Böse, immer rascher akzelerierte, sei es durch Massenvernichtung oder den nächsten Technologiesprung. So ist die Hyäne nur eines, vielleicht das radikalste aus einer Reihe von Selbstporträts. Als Masken der Existenz hat er sie fortwährend gegeneinander ausgespielt, nur um zu sehen, wie sie sich gegenseitig in der medialen Arena überdeckten. Man soll sich nicht täuschen lassen, auch wenn Müller wie kaum ein anderer Autor seiner Zeit ein Desinteresse an der eigenen Person bekundete, als geborener Theatraliker hatte er dennoch eine genaue Vorstellung von der spezifischen Rolle, die er in diesem Drama zu spielen gedachte. Die Elemente des Verses hat er immer als Variablen betrachtet. Auch ohne Anleihen bei Physik oder Chemie, war Literatur für ihn stets ein dynamischer Prozeß aus Bedeutungswechseln und perspektivischen Überraschungen, *Laterna magica* eher als kindlicher *Orbis pictus*. Vielleicht ist es das, was die Größe eines Autors ausmacht: er definiert sich selbst vor den Augen des Publikums als jemand, der denselben Wörterbuchwörtern immer neue Aspekte abgewinnt. Dabei sorgt, wenn er persönliches Glück hat (ein Synonym für Charakter), wenn er dem eingeschriebenen Konzept die Treue hält, allein Biologie schon dafür, daß hinter dem Gestaltenwandler stets der Stoiker erkennbar bleibt. Entscheidend ist, daß er die eigene Existenz unbeirrt als Funktion einer Arbeit begreift, die nur von ihm ausgeführt werden kann. Im Laufe der Jahre wird er so, unter Einsatz aller verbalen Kräfte, zu dem, der er von Anfang an war.

Heiner Müller war ein Zuendedenker, ein poetischer Finalist. Das muß nicht unbedingt ins Poesiealbum führen, aber es kommt der Ideenmagie, der rationalen Schwungkraft der Zeilengefüge eines Dichters zugute. Er selbst hat diese Gefüge gern *Texte* genannt, primär wohl aus poetologischer Indifferenz; reine Wortliebhaberei war nicht seine Sache, sowenig wie Literaturtheorie. Mit dem römischen Dichter Horaz teilte er zwar die ambivalente Bestimmung des Gedichtes als *dulce et utile*, wobei er als junger Mann vor allem auf den zweiten Teil, die Nützlichkeit, Wert legte. Die Süßigkeiten nahm er erst später in Kauf. Nicht diffuse Daseinsangst, der sozialanalytische Blick auf die realen Verluste war es, der dem elegischen Ton zum Durchbruch verhalf. Den Freibrief dafür holte er sich ausgerechnet bei einem Dichter wie Rilke. Es war mehr als ein perfektes Alibi, wenn er zitierte: »Denn das Schöne ist nichts / als des Schrecklichen Anfang …« Der Satz schien wie für ihn gemacht. Mit diesem Auftakt aus den *Duineser Elegien* sah er sich selbst von der gegenüberliegenden Seite die Bühne betreten. Auf einmal erschien alles, wovon er bis dahin erzählt hatte, die Revolution und der Terror der Selbstzerfleischung, der blutige Aufbau und die Familienkriege vom deutschen Kleinbürger bis zu Medea, in einem neuem Glanz. Auch wenn es immer nur Machtverhältnisse waren, an denen sein Vers sich rieb, der Effekt war am Ende doch ein poetischer. Mochte das Fazit auch wenig tröstlich klingen, die Anspielung auf Goethe ist unüberhörbar, wenn es in *Vampir*, einem der späten Gedichte, heißt: »Zerstoben ist die Macht an der mein Vers / Sich brach wie Brandung regenbogenfarb.«

Denn sosehr ihn eine Kunst um der Kunst willen kalt ließ, so wenig war er bereit gewesen, irgendeiner politischen Doktrin den Eigensinn einer Zeile zu opfern. Bis auf wenige Entgleisungen blieb dieser Dichter, auch in schwierigen Zeiten, seltsam resistent gegen jede Form der Selbstzensur. In einer Atmosphäre allgemeiner Niedertracht und kollektiver Überwachung war allein das schon ein Kunststück. Natürlich hatte solche Aufrichtigkeit ihren Preis. Und sei es das Schwindelgefühl, das einen erfaßt beim Herausfallen aus dem eigenen Nest. In einem der glamourösen Interviews, die mit den Jahren zur Autobiographie des erklärten Tagebuchfeinds ausuferten, hat er sich selbst als den letzten deutschen Dichter bezeichnet. Verblüffend war die Begründung, sie gelang ihm am besten in distanzstiftendem Englisch: »I stand in the void of communism.« So prekär eine solche Positionsbestimmung von heute aus erscheint, sie entsprach vollkommen seinem rätselhaften Temperament, dem Verlangen nach öffentlicher Deutungsmacht und Präsenz, ganz gleich, ob in Form skandalträchtiger Theaterstücke, eines Pamphlets in eigener Sache oder der kurzen, geschliffenen Bekanntmachung in Versen. Dabei war jede Publikation, als Fragment eines konvolutartig fortgeschriebenen Ganzen, Teil einer genauen Strategie. Seinen Herausgebern riet er, in einer handschriftlichen Anweisung, die man nach seinem Tod fand, bei der Anordnung der Gedichte zu brutaler Chronologie. Der Dichter als Zeitarchiv: so sehr sah er sich selbst als Durchgangsstation großer Ereignisse, daß er im Vertrauen darauf seine Nachlaßverwalter kurzerhand zu Historikern machte.

Walter Benjamin mag ihn dabei angespornt haben, der Denker, den er am ausgiebigsten konsultierte, ein Philosoph, der sein disparates Gedankenarchiv unter dem Arbeitstitel *Passagenwerk* gesammelt hatte. In seinem Geist stellt schon der junge Müller sich fundamentale Fragen, über die Haltbarkeit von Metaphern etwa, über die Erzählfunktion oder das Wesen der Allegorie als Gefäß zur Aufbewahrung historischer Zeit. Müller, den die Historie, im Unterschied zu Benjamins ungeduldigem Schachgegner Brecht, an lauter verspätete Reflexionen gekettet hatte, baute sein Werk früh um Zäsuren der lyrischen Selbstanalyse auf. Beispiele für solche betont nüchternen Revisionen sind Gedichte wie *Selbstbildnis Zwei Uhr Nachts Am 20. August 1959*, *Projektion 1975* oder *Glückloser Engel 2*. Aus einer solchen Sicht konnte es einfach keine fertigen Schreibrezepte mehr geben. Noch in *Notiz 409*, dem letzten längeren Gedichtprotokoll, geschrieben wenige Wochen vor seinem Krebstod im Dezember 1995, ist sein Antrieb der Zweifel an einer Sprache, für die es keine Theaterpraxis mehr gab. Das Abstandnehmen von sich selbst war es, was ihn vom ersten Moment an weit über die Zunftgenossen heraushob. Er war der einzige, der den Schock darüber, wie rasch man sich selbst als Feind gegenüberstand, am Schreibtisch zu verarbeiten suchte. Wenn es schon unvermeidlich war, im Spiegel sich derart fremd zu werden, vielleicht ließ sich durch Introspektion dieses Ich aufspalten in die verschiedenen Protagonisten im Drama der Gegenwart. Bis zuletzt hat er versucht, schreibend Distanz zu gewinnen, zu sich selbst, zum literarischen Kanon, zur Gegenwart als Resultat aller bisherigen Geschichte.

Benjamin war insofern der geeignete Totenführer, als seine Denkmethode in einer Epoche, für die er die Formel von der *Dialektik im Stillstand* geprägt hatte, das Forschungsfeld am besten kartographieren half. Von ihm konnte man lernen, wie sich die Stoffe aus Mythos und Zeitgeschichte ordnen ließen. Das Genre war dabei immer nur Mittel zum Zweck. *Materialien* hieß das Codewort, unter dem der Tresor mit den brisanten Dokumenten sich öffnete, gleich ob es sich um Versuche mit dem sogenannten Lehrstück oder um eine Folge von Theatersonetten handelte. Frei nach dem Muster des spät entdeckten theologischen Materialisten Benjamin wurden Müllers Arbeiten so, über Jahrzehnte hinweg, allmählich in einem Zusammenhang sichtbar – zunächst ganz unbeachtet, in der ostdeutschen Nachkriegskultur allenfalls von den Zensoren, den ideologischen Flurhütern beäugt, später landesweit wahrgenommen und schließlich, nach einem Dammbruch, der in der Postmoderne von gestern beispiellos blieb, auch international anerkannt. Damals schien es, als hätte die plötzliche weltweite Verbreitung seiner Stücke die Tatsache, daß es sich bei ihnen um sprachliche Kunstwerke handelte, in den Hintergrund gedrängt. Bis auf weiteres zählte nur der Kultwert ihres Autors, der in beiden Hälften des gespaltenen Landes gleichzeitig zu Hause war und alle die seinerzeit wichtigen Debatten und Diskurse in seinen Bonmots mit links kommentierte. Heiner Müller, das war, bis ins letzte Stadttheater hinein, jene mit Schaudern goutierte Melange aus Blut, Stahl und Dogma, der Gegenwartsklassiker als wandelndes Markenzeichen mit den Insignien Zigarre und Whiskyglas. Wobei die Großbuchstabenästhetik im seltsamen Kontrast stand zum Erscheinungsbild dieses bescheidenen, leise sprechenden Mannes von kleiner Statur. Je mehr er gefragt war, um so hartnäckiger bestand er auf dem Unterschied von Erfolg und Wirkung. Als Dichter wußte er ohnehin, daß hier keine Ausrede half. Bei aller Begierde nach Prominenz, blieb das Schreiben doch, was es immer gewesen war: der einsame Dialog mit ein paar längst gestorbenen Wegbereitern, die per Inspiration an die Schädeldecken ihrer Nachfolger pochten, um über deren Auftragserfüllung Rechenschaft zu verlangen.

Schon deshalb kehrte Müller immer wieder zu denselben Themen zurück. Manches Motiv tritt zuerst im Gedicht auf, später wird es zu einer Theaterszene erweitert. Mit dem nächsten Entwurf wächst es sich, wie jenes *Motiv bei A. S.*, zur Grundlage eines ganzen Stückes aus, das in diesem Fall, explizit genug, was die Beziehung zum Leihgeber, der Erzählerin Anna Seghers, betrifft, den Titel *Der Auftrag* trägt. Nicht nur, daß hier ganze Passagen bereits vorformuliert sind wie jene Schlußzeilen

»In der Zeit des Verrats / Sind die Landschaften schön«. Manuskripte aus dem Nachlaß zeigen, wie eine flüchtig aufs Papier geworfene Verszeile zum Kristallisationskeim eines späteren Figurenmonologs wurde. Ebensogut konnte sie aber auch stekkenbleiben, um später ein Eigenleben zu führen als semantischer Kern, der hier und dort wieder auftauchte und seine Information an eine neue Strophe, einen weit entfernten Prosateil abgab. Gewisse Gedichtzeilen wurden, über Jahrzehnte hinweg, mehrfach variiert, weil eine Silbe plötzlich unhaltbar geworden war, ein Verb in seiner bisherigen Zeitform dem Druck der veränderten Außenwelt nicht mehr standhielt.
Was immer die Werkstatt verließ, war so als Bruchstück kenntlich gemacht. Die kürzeste Fußnote konnte, als raffinierte Anspielung, für den stillen Kontext im großen Ganzen bürgen. Die fragmentarische Äußerung wurde zum Paragraphen einer gleichzeitig privaten wie geschichtsphilosophischen Konfession. Das eine war vom anderen kaum mehr zu trennen, auch wenn die Selbstgewißheit, mit der er sich, gut hegelianisch, lange Zeit im Besitz der Wahrheit glaubte, später nachließ und umschlug in eine Art weltanschaulichen Kater, der in den Feuilletons jener Jahre pietätvoll als linke Melancholie verabschiedet wurde.
Fast auf den Tag genau zu datieren ist der Beginn seiner Zweifel, die in der typischen, ihm eigenen Radikalität drohten, das Werk von rückwärts her aufzufressen. Jeder, der ihn kannte, war von dem schrecklichen Damaskus-Erlebnis beeindruckt. Es war, als hätte die Krebsdiagnose ihm zu einer neuen, einer allerletzten Gewißheit verholfen, und Heiner Müller war Guru genug, sie als bedeutungsvolles Symptom weiterzureichen an seine Gemeinde. Denn plötzlich war es nicht mehr nur dieser kleine, napoleonhafte Körper, den die Metastasen von innen zerstörten, sondern insgesamt jene globale Bewegung, die ein ungläubiger Jude wie Marx einst mit einem Manifest begrüßt hatte, das im Wirkungsradius einer neuen Bergpredigt gleichkam. So sehr schien diese Dichterexistenz mit den historischen Tatsachen im Bunde, derart synonym stand sein Werk für solche Ereignisse

wie Zweiter Weltkrieg, Gründung der DDR, Mauerbau und das Zerbrechen des Ostblocks im Jahre 1989, daß mancher in seiner Krankheit ein Gleichnis für das Siechtum des Kommunismus sehen wollte, für das Ende eines Zeitalters, das er wie kein zweiter deutscher Autor verkörperte. Es macht die Tragik der Müllerschen Werkkonstruktion aus, daß er die Realität, der jene Streitschrift zum Entstehen verholfen hatte, niemals verleugnen mochte. Kalkül oder nicht, und so fatal und verständnishemmend ein Stigma wie dieses für den Dichter dereinst noch sein mag, im Sinne maximaler Bedeutsamkeit hatte er zeitlebens von dieser Zuschreibung profitiert. Auch wenn sein schwierigster Drahtseilakt, der nobelste Impuls, womöglich nichts als die Verwandlung von Ideologie in Allegorien aus dem Geist des Surrealismus war. Nicht die Programme hielten ihn auf, nicht der Streit mit dem frigiden Parteideutsch der Weltverbesserer, sondern das Austragen der wahren Konflikte, die Infragestellung des laufenden Menschenexperimentes auf einer Bühne.

Mit lapidarem Stolz hatte er einmal, ans Ende eines seiner monolithisch kompakten, interpunktionslosen Theaterbruchstücke (*Verkommenes Ufer Medeamaterial Landschaft mit Argonauten*) die Zeilen gesetzt: »Der Rest ist Lyrik Wer hat bessre Zähne Das Blut oder der Stein.« Zuletzt, als die großen Gegenentwürfe in Trümmern lagen, als der Mangel den Kollektiven aus allen Poren stank und das Scheitern besiegelt war, kehrte er reuig ins Glashaus zurück. Jetzt war ihm nurmehr die Einzelzelle geblieben, das Gedicht mit seiner gefährlich hohlen Akustik, dieser narzißtische Echoraum.

Eines der Orakel, an dem er schließlich Gefallen fand, war ein Zitat des jungen Novalis, das schon dem portugiesischen Dichter Fernando Pessoa als Motto gedient hatte. »Die Poesie ist das echt absolut Reelle.« Es war die letzte, vielleicht die überraschendste Positionsbestimmung des Verwandlungskünstlers Müller. Die Konklusion freilich blieb er dem Leser schuldig. »Dies ist der Kern meiner Philosophie. Je poetischer, je wahrer.«

Was tut man im Wissen um eine unheilbare Krankheit? Von dem Moment an, in dem er das Todesurteil in Form eines Röntgenbildes empfing, wurde ihm das Gedicht, das er selbst überzeugend als Schwundform des Dramas auslegte, zur letzten Instanz. Von allen Figuren und Rollen war als einzige jenes brüchige Ich übriggeblieben, der fragwürdige Gleichgewichtszustand eines Sterbenden, in dem sie alle versammelt waren, alle die Philoktets, Tschumalows, Dantons und Hamlets, mit denen er die Bühne des posthumen Revolutionstheaters ein halbes Jahrhundert lang so erfolgreich bevölkert hatte. Die dramatische Produktion, für die sein Autorenname stand, war dabei immer die Phalanx gewesen, das Vorauskommando, hinter dem sich die leiseren Töne sammeln konnten. Nun war es die Scham, die er, mit Kafka als Kronzeugen, zur poetischen Aufgabe erklärte. »Meine Scham braucht mein Gedicht« hört sich an wie das späte Echo der Worte, mit denen jener seinen Romanhelden Josef K. am Ende des Prozesses entläßt: »Es war, als sollte die Scham ihn überleben.« Auch Müllers Prozeß war pünktlich mit dem Todesurteil zusammengefallen. Beendet war sein lebenslanges Ringen mit den Dämonen der *bösen, der kapitalistischen Welt*, wie Gottfried Benn, der Fatalist unter den herrenlosen Dichtern, jenes unvermeidliche Stadium genannt hatte, zu dem der Osten Europas, nach seiner Odyssee durch die Alternativen, nun heimgekehrt war. In einem Radiogespräch hatte Benn dem früheren Expressionistenkollegen Johannes R. Becher, dem moskautreuen Großbürgersohn und glühenden Verehrer der Weltrevolution, die kommenden Irrtümer bereits 1931 vorgerechnet, und das in aller Bescheidenheit, ungerührt, ohne alle prophetische Anmaßung. Man kann nur ahnen, wie Müller beim Wiederlesen dieses Gesprächs zumute gewesen sein muß. Ein biederer Karikaturist hätte, Nietzsches Theorem von der Wiederkehr des Gleichen paraphrasierend, mit einem einzigen Schwung des Zeichenstiftes den Kreis schließen können. Es schien, als hätte genau diese parodistische Wendung des Zeitgeists Müller am Ende zur Kapitulation gezwungen. Der Sarkasmus der späten Gedichte war demnach nurmehr die Kehrseite der unterdrückten Enttäuschung. Sein zuweilen schmerzlicher, in den hellsten Momenten satirischer Ton erlaubte der Stimme, im Epilog wenigstens den Anstand zu wahren. Denn jetzt war der Zyklus vollendet, wenn auch mit denkbar beschämendem Resultat. Doch wer weiß, vielleicht kommt es in der Dichtung ja immer nur auf die vergeblichen Anstrengungen an. Dem elegischen Ausdruck verhilft das Besingen der Pyrrhussiege jedenfalls zu einer Steigerung ins Exemplarische, und das ist es, was schließlich, nach allem Abzug wechselnder Realitäten, bei der Nachwelt ankommen wird. Insofern ist Heiner Müller ein Dichter mit Zukunft. Weil sein Werk wie das vieler Komponisten der Vergangenheit in einer Moll-Tonart endet, wird er davor gefeit sein, bei den Rechthabern zu landen, in der Hölle der Ignoranten mit ihren abgestandenen Evergreens. Erst im Moment der Niederlage zeigte sich, welche Fülle ungelöster Probleme diese Texte auf sich genommen hatten.

Leier und Bogen waren nun unzerlegbar ineinander verkeilt. Die Germanisten werden Mühe haben, die Konstruktion auseinanderzubrechen. Es wird ihnen wenig nützen, wenn sie sich einseitig auf Müller, den Dichter oder Müller, den Ideologiekritiker, berufen. Jeder der Texte muß sie mit seinem Doppelantlitz verwirren. Da ist zum einen die unnachahmliche Härte der Zeilengefüge, ihr bildhauerischer Duktus, der in seiner Wucht den Eindruck flüsternden Felsgesteins erweckt. Schon das Schriftbild auf den Notizzetteln verzichtet fast durchweg auf Punkt und Komma. Hier regiert der Gedankensprung die Grammatik. Einzelne Worte erscheinen in Großbuchstaben, Zitate werden in bewußter Kontradiktion gegeneinandergefügt. Das Enjambement ergibt sich selten aus prosodischen Regeln, es folgt vielmehr einer widerspruchsvollen Ideenlogik. Das Gedicht wird zur Montage, wie Ezra Pound sie verstanden hat oder der Kinoarchitekt Eisenstein. Der Gebrauch von Majuskeln verleiht diesen Texten den statuarischen Charakter antiker Inschriftentafeln. Und doch gibt es keine Zeile, die nicht mit einem metrischen Pochen daherkommt. Der bauende Rhythmus, die Störung der

Kausalität und das Durchbrechen der linearen Lesegewohnheit rufen wie bei keinem anderen Gegenwartsautor das Archaische in der Moderne auf. Nicht nur im Dramenvers, auch in den Gedichten hat Müller sich zumeist gegen den Fluß gestellt, das gefällige Strömen immer wieder durchkreuzt. Der Leser muß selbst die verschiedenen Sprecherpositionen herausfinden. So wird die Lektüre zum Abtasten einer Gesteinsoberfläche, aus der die verschiedenen disparaten Einschlüsse als Kanten und Brüche herausragen. »Wer mit dem Meißel schreibt / Hat keine Handschrift« heißt es dazu in *Mommsens Block*, jenem Langgedicht, mit dem er in Anspielung auf den deutschen Altertumsforscher und seine Ablehnung der römischen Kaiserzeit die eigene Krise nach dem Untergang von Stalins cäsarischem Weltreich proklamierte. Denn »Wer ins Leere schreibt braucht keine Interpunktion«. In dem Gedicht *Ende der Handschrift* wird dieser Zustand besiegelt. Das historische Verdikt hat die eigene Schrift schließlich unlesbar gemacht.
Da ist aber auch dieser herrische Gestus, der den Gedichten das nur Persönliche austreiben soll. Der Neugier auf die privaten Seiten des Dichters wird so der Zutritt verwehrt. Dies würde erklären, warum Heiner Müller bei aller Popularität doch immer ein erstaunlich gut gepanzerter Autor blieb. Ein umgänglicher Mensch mit einem ausgedehnten Freundeskreis und gleichzeitig Verfasser von Texten, die gemeinhin als schwer zugänglich gelten. In allem, was er schrieb, war der Drang spürbar, sich selbst und das Geschehen ringsum, soweit es die Sprache erlaubte, zu objektivieren. War er im Grunde also doch eher ein Mann vom Schlage Vergils, dem er mit seinem Griffel folgte, und nicht des Horaz oder der geschmeidigen, hellenistischen Dichter, deren Formenspiele und raffinierten Indiskretionen bis heute den Ton angeben? Das Bekenntnis zu Tacitus in einem der späten Gedichte legt solche Vorliebe für das Historisch-Faktische nahe. Was aber war mit dem Rest, der zahnlosen Lyrik, die nur dem Fleisch und den Bewußtseinsnöten Ausdruck verlieh und vorm Stein versagte? Alles nur verdrängt und bei-

seite geschoben, bis es dann wiederkehrte als das Murmeln der gefangenen Psyche? Einem langjährigen Leser mußte immerhin auffallen, wie sehr ihn auf einmal die kleinen Dinge beschäftigten. Es war, als wollte er, in einem wilden Entschluß, das davoneilende Leben noch einmal packen, indem er sich nunmehr auf die geringste Kleinigkeit konzentrierte. Weniges berührt mehr, als wenn ein Mann von seiner Natur sich in Zartfühlung übt. Plötzlich taucht das Gesicht der um viele Jahre jüngeren Geliebten auf. Erstaunt registriert der Blick ein Insekt, das über das frische Blatt aus der Schreibmaschine spaziert: vor kurzem hätte er es noch umgebracht. Oder er lehnt sich zurück und betrachtet die ersten Regungen der neugeborenen Tochter. Nicht, daß er die Verhaltensmuster von Mann und Frau nicht zeitlebens beobachtet hätte, immer jedoch als gewalttätiges Spiel, als sexuellen Stellungskrieg im politischen Drama der Geschlechter. Doch in dem Moment, da er sich selbst im Traum als Kind in der Ritterrüstung begegnet – wie in dem klassischen Sonett *Traumwald* –, wird ihm auch die Geliebte durchsichtig, und der Tausch der Geschlechterrollen mit einem Mal vorstellbar. Auch wenn Gefahr den Gedanken diktiert, das Gedicht endet überraschend mit einem Paradoxon, das bezeichnend für Müllers Dialektikstil ist: »Wenn ich die Frau bin und du bist kein Mann.« Für einen, der sich niemals mit dem Konjunktiv aufhielt, konnte solche Einsicht nur als Tatsache gelten.

Heiner Müllers Gedicht, darin liegt seine Stringenz, geht jedesmal von der schlimmstmöglichen Gewißheit aus. Nicht die zarte Versuchung, die vage Hoffnung auf eine veränderte Welt, es ist die schlechte Nachricht, die es in Gang setzt. Optimismus ist Mangel an Information, war eine Sentenz, die er am liebsten zitierte, am besten mit stoischer Miene. Daher das Kreisen um die Anzeichen der Katastrophe, die Deklination all der Fälle des Scheiterns. Von sämtlichen Zeitformen war es die des posthumen Imperfekts, die diesen terrestrischen Knastbruder zum Singen brachte. *Der Tod als Embryo* ist wahrscheinlich eines der radikalsten Bilder für seine finalistische Sicht. Auch wenn es

ihm nie gelungen war, jener Volksfeind zu werden, dessen Portrait Henrik Ibsen im Drama gezeichnet hatte – Müllers Popularität wuchs im Gegenteil in gespenstischem Tempo –, das Zeug dazu hätte er durchaus gehabt. So war es am Ende alles andere als morbide Neugier, als er den Redakteur einer großen Tageszeitung bat, ihm den eigenen Nachruf zu zeigen. Er wußte ganz einfach, daß für den Todgeweihten das Presseecho längst in der Schublade bereitlag. Eines der eindrucksvollsten Gedichte beschreibt den Wunsch, das Grab seiner frühen Lebensgefährtin und Schreibgenossin zu öffnen, der Dichterin Inge Müller, von der man wußte, daß sie die Beziehung nach mehreren Anläufen durch Selbstmord gekündigt hatte. »Gestern an einem sonnigen Nachmittag (...) Hatte ich zum erstenmal das Bedürfnis / Meine Frau auszugraben aus ihrem Friedhof.«
Kaum war ihm die Diagnose der unheilbaren Krankheit gestellt worden, eröffnete er noch einmal den Reigen skeptischer Spiegelbilder. Er schreibt, und schon das gibt zu denken, in den letzten fünf Lebensjahren fast ebenso viele Gedichte wie in all den Jahrzehnten davor. Die meisten sind nunmehr datiert, manche davon auf den Tag genau, als wollte er sie mit den Einträgen in seiner Krankenakte synchronisieren. Die Zeit war reif, über sich selbst in der dritten Person nachzudenken. Der Titel eines Gedichts hält das Befremden über die eigene Ankunft im neuen Gesamtdeutschland fest: *Müller im Hessischen Hof*. Daneben gibt es immer wieder Ausbrüche in schwärzeste Misanthropie, am aggressivsten in einem Gedicht wie *Ahnenbrühe* mit seiner merkwürdigen Losung »Tod den Enkeln«. Das *Gespräch mit Yang Tschu »dem Pessimisten«* setzt ein mit den höhnischen Zeilen: »Lohnt es den Leib zu pflegen / Er ist sterblich.« Offen wird nun das frühe Werk als der Text eines toten Autors denunziert, und das zu Lebzeiten. Das Fazit könnte kaum niederschmetternder sein: »Statt Mauern stehen Spiegel um mich her / Mein Blick sucht mein Gesicht / Das Glas bleibt leer.« Was es auf sich hat mit dem leeren Spiegel, wird schon im Titel vorweggenommen: *Vampir*. Wobei ungeklärt bleibt, auf wen hier der Name des

Blutsaugers verweist. Wie so oft während der laufenden Stückproduktion spricht der Dramatiker Müller in eigener Sache. Beklagt wird das Ende einer großen Sinngebung, der größten vielleicht seit der Verbreitung des Christentums nach dem Untergang Roms. Es geht um nichts weniger als das Verschwinden des Klassenkampfes aus der Geschichte. Der Vampir, so legt eine von mehreren Lesarten nahe, war die Geschichte in ihrer osteuropäischen Version. Und kam die Bedrohung nicht wirklich, der populären Legende zufolge wie in Bram Stokers Kultroman Dracula, aus dem unheimlichen Osten? Begonnen hatte sie 1917 mit jener Schießerei in Petersburg, wie ein Augenzeuge, der Schriftsteller Bulgakow, den proletarischen Soldatenaufstand nannte, der dann als Oktoberrevolution in die Geschichtsbücher einging. Der Sozialismus, etwa in Form von Ceauçescus Rumänien, war bis zuletzt das lebendige Beispiel für solcherlei Vampirismus gewesen. Transsylvanien oder die Knochenmühlen der Gulags in den Tiefen Sibiriens, solange in einem Teil der Erde das Gespenst umging, konnte die Literatur von dem mächtigen Mythos zehren. Dem gierigen Widergänger, der sich der Körper bemächtigt hatte, fielen nicht nur ganze Bevölkerungen zum Opfer, sondern auch die Phantasien der Dichter, die ihm vom ersten Nackenbiß an reihenweise verfielen. Doch wenn nicht alles täuscht, war Heiner Müller der einzige, der dieser Transfusion von Blut und Bedeutung freiwillig und ohne die üblichen linken Illusionen zugestimmt hatte. Darin liegt die Rätselhaftigkeit seiner Dichtung, ihr besonderer Status. Vieles spricht dafür, daß er sich früh schon des Opfers bewußt war und sehenden Auges danach verlangte. Was heute nurmehr als *sacrificium intellectus* erscheint, war in Wirklichkeit die Kommunion mit dem historisch Vergeblichen. Den Nacken darzubieten, Beute der Zeit und ihrer allesverschlingenden Antagonismen, war für Müller etwas wie ein Laborversuch am eigenen Leib gewesen und der sicherste Weg in die zum Schreiben notwendige Einsamkeit. Für wieviel Realität er am Ende mit seiner Entscheidung stand, wird sich erst zeigen. Bis auf weiteres bleibt sein Gespür für die tragischen Konflikte des Zeitalters unanfechtbar. Er hatte gewählt, sein Ausharren im sowjetisch dominierten Teil Deutschlands war laut eigener Aussage ein »Leben im Material«. Wahrscheinlich hatte der Vater, ein Verfolgter des Naziregimes und sozialdemokratischer Veteran, mit seiner Übersiedlung nach Westdeutschland, mehr als ihm lieb war, den Ausschlag gegeben. Es wäre immerhin eine Pointe nach Müllers Geschmack, wollte man sein Verhalten in der Zeit des Systemkonfliktes nach ödipalen Ursachen erforschen.

Vielleicht wird ein zukünftiger Leser sich die Frage stellen, ob von Lyrik hier überhaupt noch die Rede sein kann. Ein Gedicht, was war das für einen Gebrauchslyriker wie Heiner Müller? Ganz sicher nicht der erstbeste Griff in das zerwühlte Innere. War es ein Selbstgespräch, die kürzeste Stückfassung, ein Dramolett? Ein chirurgischer Eingriff ins Bewußtsein, der Ausschnitt aus einem unbekannten Gewebe? Oder doch nur die flüchtig hingestreute Notiz, aus der ein anderer dichtender Dramenschreiber, ein Geistesverwandter wie Yeats, ein funkelndes Poem gemacht hätte, eigensinnig in seiner formvollendeten Pracht? Doch selbst bei diesem trug schließlich die Einsicht den Sieg davon: »When all the story's finished, what's the news?«

Soviel ist sicher, Heiner Müller war unter Hunderten Suchenden der eine, der hin und wieder die Formel fand. Den Kuß der Muse kannte er wie das eigene markante Kinn. Das Mindeste, was sich sagen läßt: er hat an der Zukunft des deutschen Verses gearbeitet. Doch solange dieser Autor nicht bis ins letzte entdeckt ist, wird seine Stimme gedämpft wie hinter dem Eisernen Vorhang bleiben, ein Relikt aus der Geschichte des zwanzigsten Jahrhunderts. So lange steht, was er schrieb, vor allem als Epitaph für einen untergegangenen Staat. Man muß ihn wieder und wieder lesen, anders, von Grund auf neu. Dann erst wird auch an ihm sich zeigen, was Heraklit früh seinen Artgenossen bescheinigte: »Die eigene Art ist des Menschen Dämon.«

Durs Grünbein / Mai 2000

Inhalt

Suhrkamp Verlag GmbH
Torstraße 44, 10119 Berlin
info@suhrkamp.de
www.suhrkamp.de